SCHRIFTENREIHE ZU DEN PASSAUER
LATEINAMERIKAGESPRÄCHEN BAND 6

Herausgegeben von
Daniela Marie Wörner
und Annette Roensch

(Un)abhängig?!

Beziehungen zwischen
Lateinamerika und der EU

PETER LANG

Frankfurt am Main · Berlin · Bern · Bruxelles · New York · Oxford · Wien

Bibliografische Information der Deutschen Nationalbibliothek
Die Deutsche Nationalbibliothek verzeichnet diese Publikation
in der Deutschen Nationalbibliografie; detaillierte bibliografische
Daten sind im Internet über http://dnb.d-nb.de abrufbar.

Umschlagabbildung: Flyer der Tagung
Passauer LateinAmerikagespräche 2011
Gestaltung: Ronja Wolf.

Gedruckt auf alterungsbeständigem,
säurefreiem Papier.

ISBN 978-3-631-63947-4
© Peter Lang GmbH
Internationaler Verlag der Wissenschaften
Frankfurt am Main 2012
Alle Rechte vorbehalten.

Das Werk einschließlich aller seiner Teile ist urheberrechtlich
geschützt. Jede Verwertung außerhalb der engen Grenzen des
Urheberrechtsgesetzes ist ohne Zustimmung des Verlages
unzulässig und strafbar. Das gilt insbesondere für
Vervielfältigungen, Übersetzungen, Mikroverfilmungen und die
Einspeicherung und Verarbeitung in elektronischen Systemen.

www.peterlang.de

Vorwort

Die Kontinente Lateinamerika und Europa verbindet nicht nur eine lange Geschichte, aufgrund der gemeinsamen Kolonialvergangenheit bilden die beiden Regionen auch eine politische und kulturelle Wertegemeinschaft. Darin liegt eine große Chance, nicht aber die automatische Garantie für enge bilaterale Beziehungen und eine fruchtbare politische und wirtschaftliche Zusammenarbeit.

Seit über 200 Jahren ist Lateinamerika nun formal unabhängig vom europäischen Mutterland. In der Realität waren die bilateralen Beziehungen dennoch stets geprägt von einem asymmetrischen Abhängigkeitsverhältnis zugunsten Europas, das in der Vergangenheit eher wenig Interesse an seinen ehemaligen Kolonien zeigte. Der Subkontinent galt vielmehr als „verlorener" Kontinent, der weder wirtschaftlich noch politisch besonders ins Gewicht fiel.

Während sich Lateinamerika derzeit aber zunehmend emanzipiert, erlebt Europa erstmals einen relativen Bedeutungsrückgang. Hintergrund sind Veränderungen im regionalen und internationalen Kontext, die sich – von Europa praktisch unbeachtet – in den letzten Jahren vollzogen. Während sich die traditionell in Lateinamerika präsenten Akteure Europa und USA anderen Weltregionen zuwandten, versucht nun v. a. China, das entstandene Vakuum in der Region auszufüllen. Die starke Ausrichtung Lateinamerikas auf die neuen dynamischen Märkte Asiens, neue weltweite strategische Allianzen, der Aufstieg regionaler Führungsmächte mit globalen Ansprüchen und nicht zuletzt das enorme wirtschaftliche Potenzial der Region lassen Lateinamerika plötzlich wieder auf die politische Agenda Europas rücken. Angesichts des Rohstoffreichtums sowie der Bedeutung in den europäischen Schlüsselbereichen Energie, Klima und Umwelt drängt sich die Frage auf: Hat sich Europa zu lange auf die falschen Regionen konzentriert und bereits eine große Chance verspielt? Andererseits, wie weit ist der Emanzipationsprozess tatsächlich fortgeschritten und wie (un)abhängig ist Lateinamerika heute wirklich von Europa?

Der vorliegende Band dokumentiert einen Teilausschnitt der im Mai 2011 stattgefundenen *Passauer LateinAmerikagespräche*, bei denen die aktuellen Beziehungen zwischen den historisch verbundenen Regionen Lateinamerika und Europa aus beiden Perspektiven beleuchtet und diskutiert sowie Zukunftsperspektiven für das bilaterale Verhältnis erörtert wurden. In Vorträgen und Workshops wurden Relevanz, Chancen und Hindernisse der transkontinentalen Beziehungen auf wirtschaftlicher, politischer und kultureller Ebene in einem regen Austausch zwischen Referenten und Studenten umfassend hinterfragt.

Die ausgewählten Artikel in diesem Band bieten Einblicke in die bestehenden Beziehungen im Bereich der Politik und Wirtschaft. Klaus Bodemer analysiert zunächst den politischen Dialog zwischen Lateinamerika und Europa und liefert eine Einschätzung seiner zukünftigen Perspektiven. Claudia Zilla bewertet anschließend auch speziell die Lateinamerikapolitik der Bundesrepublik Deutschland, die mit ihrem jüngst veröffentlichten Lateinamerika und Karibik-Konzept dem Subkontinent zumindest formal eine größere Bedeutung in der deutschen Außenpolitik zuspricht. Im zweiten Block, der auf wirtschaftliche Aspekte fokussiert, bietet Juan Antonio Zapata einen einführenden Überblick über Vielzahl und Bedeutung bestehender wirtschaftlicher Kooperationsformen zwischen Europa und Lateinamerika. Tobias Lambert beleuchtet abschließend mit dem Sojaanbau exemplarisch auch mögliche Konsequenzen des bilateralen Handels und die daraus resultierende Verantwortung der EU.

Bereits über elf Jahre hinweg etablierten sich die *Passauer Latein-Amerikagespräche* deutschlandweit als der größte studentisch organisierte Fachkongress zu Lateinamerika. Bei der Konzipierung der Tagung legen wir besonderen Wert auf ganzheitliche und interdisziplinäre Themenansätze und versuchen gleichzeitig, Wissenschaft und Praxis zu verknüpfen. Im Fokus unserer Bemühungen steht der Versuch, den Subkontinent immer wieder mit aktuellen Fragestellungen in die Öffentlichkeit zu rücken und den Austausch zwischen Wissenschaftlern und Studenten anzuregen.

Allen Mitwirkenden und Unterstützern der *Passauer LateinAmerikagespräche*, die sie zu dem gemacht haben, was sie sind, und die so viel Engagement in den Kongress legen, sei an dieser Stelle nochmals herzlich gedankt. Auch bei den Referenten bedanken wir uns sehr herzlich, die immer wieder gerne unsere Einladung annehmen und teilweise bereits zum wiederholten Male nach Passau kamen. Das positive Feedback und die stets produktive und äußerst angenehme Atmosphäre während der Tagung bestärken uns in unserem Vorhaben und lassen uns stolz zurückblicken auf über ein Jahrzehnt *Passauer LateinAmerikagespräche*.

Wir hoffen, dass der Kongress noch viele weitere Jahrzehnte einen interdisziplinären Beitrag zur wissenschaftlichen Debatte rund um Lateinamerika leisten kann. Wir wünschen den nachfolgenden Studentengenerationen dafür viel Erfolg und Durchhaltevermögen sowie die nötige Leidenschaft.

Passau, im Juni 2012
Daniela Marie Wörner

Inhalt

I: Aspekte politischer Beziehungen zwischen Lateinamerika und Europa

Der politische Dialog zwischen Europa und Lateinamerika.
   Kritische Bilanz und Vorschläge für seine Neubelebung
   Klaus Bodemer 11

Lateinamerika in Perspektive:
   Wahrnehmungen in der Öffentlichkeit und Politik
   Claudia Zilla 45

II: Aspekte wirtschaftlicher Beziehungen zwischen Lateinamerika und Europa

Relaciones Económicas entre América Latina y la Unión Europea:
   Los Bloques Comerciales
   Juan Antonio Zapata 57

Futter für Europa. Der Sojaanbau in Südamerika hat verheerende
   Folgen für Mensch und Natur
   Tobias Lambert 87

Der politische Dialog zwischen Europa und Lateinamerika. Kritische Bilanz und Vorschläge für seine Neubelebung

Klaus Bodemer

1. Strukturelle Veränderungen im internationalen System und die Notwendigkeit politischer Gestaltung und eines kooperativen Multilateralismus

Seit der Auflösung der bipolaren Weltordnung zu Beginn der 90er Jahre hat sich die geopolitische Weltkarte dramatisch verändert. Es sind im Wesentlichen vier Phänomene, die dafür verantwortlich sind und auf die Notwendigkeit politischer Steuerung und weltweiter Kooperation verweisen:

1. Mit der sich beschleunigenden wirtschaftlichen, politischen und sozialen Globalisierung und der Zunahme der Interdependenzen werden singuläre Ereignisse zu Entwicklungen mit globaler Reichweite. Gleichzeitig wächst der globale Problemberg, den abzutragen die einzelnen Nationalstaaten überfordert sind, mithin kollektive Anstrengungen gefragt sind. Der Internationalisierung von immer mehr Politikfeldern entsprechend bedarf es eines Systems weltweiter Steuerungs- und Regulierungsinstrumente (*global governance*). Dieses kann nur funktionieren auf der Basis einer weltweiten Kultur der Kooperation. Tragfähige *global governance*-Regime setzen andererseits solide regionale und nationale Strukturen voraus.
2. Die nach dem Fall der Mauer zunächst unbestrittene unipolare Übermacht der USA, deren Hegemonie ein Jahrzehnt lang die internationale Szene dominierte, wird seit der Jahrtausendwende mehr und mehr von neuen Akteuren in Frage gestellt. Deren Handeln führt zu einer Kräfteverschiebung innerhalb der Staatenwelt, die die herkömmlichen Auseinandersetzungen um unipolare oder multipolare Hegemoniestrukturen (USA/Europa/Japan) ebenso transzendiert wie Konzepte

wie das des „pazifischen Jahrhunderts". Im Rahmen der Diskussion über Regionalisierung versus Globalisierung tritt die Bedeutung regionaler Führungsmächte und der sogenannten „*emerging powers*" in Regionen des Südens zunehmend in den Mittelpunkt. Im Zentrum des Interesses stehen dabei die materiellen und immateriellen Ressourcen, auf die regionale Führungsmächte ihre Hegemonie aufbauen und sichern, sowie Strategien der Führung und Fragen der Akzeptanz des Führungsanspruchs durch andere Staaten in den jeweiligen Regionen. Diese „*emerging powers*" des Südens, die inzwischen 20 Prozent des Bruttosozialprodukts der Welt beitragen, fordern in letzten Jahren in zunehmendem Maße ein Mitsprache- und Entscheidungsrecht in der globalen Arena, sei es direkt oder über ihre Stimmrechte in den sogenannten *Bretton Woods*-Institutionen. Einigen von diesen Schwellenländern ist es so auch in den letzten Jahren gelungen, Mechanismen und Instrumente (u.a. internationale Allianzen wie die Gruppe der 20) zu entwickeln, die auf eine Beteiligung des Südens an der Gestaltung der Globalisierung zielen.

Ungeachtet unterschiedlicher Begrifflichkeiten, Konzepten und Selektionskriterien, die für eine variable Zusammensetzung der einschlägigen Länderliste verantwortlich sind (Schwellenländer, *emerging powers*, BRIC-Staatengruppe, Ankerländer, regionale Führungsmächte, *new drivers*, *pivotal states*), besteht unter den Beobachtern der sich neu herausbildenden Mächtekonfiguration Einigkeit darin, dass die neuen *players* aufgrund ihres wirtschaftlichen Gewichts, ihres politischen Einflusses, ihrer *soft power* in der Region und ihrer zunehmenden Entschlossenheit zur Mitwirkung an internationalen Prozessen für den Norden unverzichtbare Partner für die Lösung globaler strukturpolitischer Fragen sind und die Zusammenarbeit mit ihnen auch im vitalen Interesse Europas und Deutschlands liegt. Das gilt für Lateinamerika in besonderem Maße.

Neben dem Zusammenbruch des Sowjetimperiums, dem Ende des Kalten Krieges und der Systemkonkurrenz und dem Aufkommen neuer Mittelmächte mit Mitbestimmungs- und Führungsanspruch haben zwei weitere internationale Entwicklungen die geopolitische

Landkarte und die internationale Machthierarchie und Verhandlungsagenda dramatisch verändert und in Nord und Süd den Ruf nach einer Neuordnung der internationalen Beziehungen laut werden lassen: der internationale Terrorismus und die seit 2008 die Welt in Atem haltende internationale Finanzkrise.

3. Die Terrorangriffe vom 11. September 2001 und in deren Gefolge die Kriege in Iran und Afghanistan haben schlagartig deutlich gemacht, dass die äußere und innere Sicherheit unserer Gesellschaften auf globale Kooperation angewiesen ist. Deutlich ist auch, dass zerstörerische Gewalt nicht nur von Staaten, sondern auch von privaten Terrornetzwerken ausgehen kann. Die jüngste Terror-Aktion in Norwegen hat uns zudem drastisch vor Augen geführt, dass terroristische Attacken auch von solchen fanatischen Einzelgängern verübt werden können, deren Denken dem westlichen Kulturkreis angehört und deren Hassobjekte die eigenen Landsleute sind.

4. Die von einer gigantischen Spekulationsblase auf dem US-amerikanischen Immobiliensektor ausgelöste internationale Finanzkrise droht inzwischen das in den 90er Jahren unter der Vorherrschaft der USA dominierte kapitalistische System der OECD-Welt an den Rand des finanziellen Ruins zu treiben und lässt mehr und mehr den großen Deal dieses Modells, auf Wachstum zu setzen, obsolet erscheinen. Die horrenden und weiter steigenden Schulden – mehr als 39 Billionen Dollar haben inzwischen die Staaten weltweit an Schulden angehäuft – sind das Verdrängte, das immer öfter und immer heftiger zurückkehrt. Dabei ist es vor allem die zusätzliche Verschuldung, die die USA und die Staaten des Euro-Raumes nun in die Enge treibt. Sie sehen sich gezwungen, immer neue Milliarden bereit zu stellen, um irgendwen zu retten: erst Banken, dann Unternehmen, schließlich ganze Staaten, so Irland, dann Griechenland, Portugal und demnächst vielleicht Spanien und Italien. Indem Wachstum jedoch zunehmend ausbleibt, gerät die darauf gegründete Basisphilosophie des westlichen Modells – der Automatismus von immer mehr Wohlstand bei immer weniger oder allenfalls gleichviel Arbeit – ins Wanken. Zwischen dem zuvor genannten Phänomen des Kampfes gegen

den Terrorismus und der internationalen Finanzkrise gibt es durchaus Verbindungen, haben doch die gewaltigen Kosten des durch die Terrorakte vom 9. September ausgelösten Kampfes gegen den Terror und – in dessen Gefolge – die Kriege gegen Irak und Al Kaida in Afghanistan in erheblichem Umfang mit zur ungebremsten Ausweitung der Kreditaufnahme und damit Verschuldung des US-Haushalts beigetragen.

Die Außen-, Sicherheits- und Entwicklungspolitik der OECD-Staaten muss auf die genannten vier Herausforderungen Antworten finden. Die Diskussionen auf den G8-Gipfeln und im Rahmen der Doha-Runde, aber auch die Debatten im Umfeld des Weltwirtschaftsforums und des Weltsozialforums haben in den letzten Jahren die Sensibilität dafür gestärkt, dass der ökonomische Globalisierungsprozess politisch gestaltet werden muss. Die fortbestehenden Volatilitäten auf den globalen Finanz- und Währungsmärkten, unzureichende Initiativen zur sozialen und ökologischen Flankierung der Weltwirtschaft, die politischen Legitimationsprobleme im Umgang mit der Globalisierung und ihren Folgen sowie die ökonomische Marginalisierung ganzer Weltregionen in der globalen Ökonomie zeigen, dass es an einem tragfähigen Ordnungsrahmen für die Weltwirtschaft mangelt und dies obwohl die Einsicht wächst, dass viele globale Probleme den Nationalstaat überfordern und wir lernen müssen, die globalen Interdependenzen in der Einen Welt politisch beherrschbar zu machen. Die Diskurse über *„global governance"* oder „Weltinnenpolitik" deuten an, in welche Richtung die Weltpolitik weiterentwickelt werden muss, wenn globale Instabilitäten und Krisen vermieden, der Wohlstand in unseren Ländern gesichert und andere Weltregionen eine faire Entwicklungschance haben sollen. Die Suchrichtung liegt somit auf der Hand: Es geht um die Entwicklung und Stärkung eines kooperativen und fairen Multilateralismus und einer globalen Kooperationskultur. Dies gilt für Europa, die am stärksten in die Weltwirtschaft integrierte Subregion, in besonderem Maße.

2. Zur Bedeutung Lateinamerikas für Europa in einer Welt im Wandel

Europa kann den notwendigen Anpassungsprozess an die veränderte geo-politische und weltwirtschaftliche Konstellation nicht alleine gehen, es braucht vielmehr Partner. Dabei bietet sich Lateinamerika in besonderem Maße an. Die Ausgangsbedingungen für einen Ausbau der beiderseitigen Kooperationsbeziehungen sind, wie Wissenschaftler und Politiker in den zurückliegenden Jahren nicht müde wurden zu betonen, grundsätzlich günstig:

- Europa und Lateinamerika sind seit Generationen durch sprachliche, kulturelle, politische und wirtschaftliche Beziehungen eng miteinander verbunden. Die europäische Einwanderung hat die Entwicklung Lateinamerikas entscheidend mitgeprägt. Ein beträchtlicher Teil der Lateinamerikaner ist europäischer Herkunft. Die meisten Bewohner der Region sprechen europäische Sprachen, werden auf der Grundlage europäischer Bildungssysteme erzogen und orientieren sich an europäischen Rechtsnormen.
- Gemeinsame kulturelle Wurzeln und Grundüberzeugungen haben wesentlich dazu beigetragen, dass Lateinamerika und Europa eine Wertegemeinschaft bilden, die das Verständnis füreinander wesentlich befördert. Zwischen beiden Regionen gibt es in einer Vielzahl politischer (Demokratie, Rechtsstaat, Menschenrechte) und wirtschaftlicher Grundfragen (sozial verantwortliche Marktwirtschaft, nachhaltige, ressourcenschonende Entwicklung) Übereinstimmungen, die weit über die Gemeinsamkeiten Europas mit anderen Weltregionen hinausgehen. Auch teilt die Europäische Union die von den meisten lateinamerikanischen Regierungen, Eliten und gesellschaftlichen Akteuren vertretene Auffassung, dass Demokratie, Marktwirtschaft und sozialstaatliche Gerechtigkeit engstens zusammengehören. Übereinstimmung besteht auch darin, dass umweltverträgliche nachhaltige Entwicklung und die Stärkung von Wettbewerbsfähigkeit keine Widersprüche sein müssen, sondern zusammengeführt werden können

und dass es dazu in beiden Regionen einer Weiterentwicklung der Wirtschaftspolitiken bedarf.
- Das jahrzehntelange wirtschaftliche Engagement Europas hat zu einer starken Verzahnung von Wirtschaft und Handel auf beiden Seiten des Atlantiks geführt.
- Beide Regionen setzen auf politisch handlungsfähige und starke Regionen als strategische Antwort auf die Globalisierung.
- Politisch ist die EU an starken und handlungsfähigen Regionen in der Weltwirtschaft und internationalen Politik sowie an einer Intensivierung der Kooperationsbeziehungen zwischen diesen interessiert. Neue Formen der Zusammenarbeit wurden in den 90er Jahren durch eine vierte Generation von Kooperationsabkommen begründet, die den Grundstein für weitergehende Abkommen legten. Ein biregionales Assoziierungsabkommen konnte bislang jedoch lediglich mit Zentralamerika abgeschlossen werden (2010), während der Abschluss eines vergleichbaren Abkommens mit dem politisch und ökonomisch bedeutenderen Integrationsbündnis *Mercosur* auch nach über 10-jährigen Verhandlungen noch ebenso aussteht wie das mit der Andengemeinschaft. Während im ersten Fall die Agrarpolitik der EU und der anhaltende Widerstand der Lateinamerikaner gegen eine Öffnung ihrer Märkte für Produkte und Dienstleistungen aus dem Norden zu einer wechselseitigen Blockade führen, ist der Verhandlungsstillstand mit der Andengemeinschaft eher deren internem Auflösungsprozess geschuldet. Der Austritt Venezuelas aus der Andengemeinschaft und sein Beitritt zum *Mercosur* verkomplizieren zusätzlich den Verhandlungsprozess. Erfolgreicher waren beide Seiten demgegenüber auf der bilateralen Ebene, wovon die Abkommen mit Mexiko (1997), Chile (2002), Kolumbien und Peru (beide 2010) ebenso zeugen wie die mit Brasilien (2007) und Mexiko (2010) vereinbarte „strategische Partnerschaft", wenngleich diese Abkommen mit Einzelstaaten dem von der EU stets hochgehaltenen Prinzip, nur von Region zu Region zu verhandeln, Lügen strafen.
- Als weitere Gründe für eine privilegierte Partnerschaft mit Lateinamerika können das wachsende ökonomische und politische Gewicht

der subregionalen Zusammenschlüsse, insbesondere des *Mercosur*, der Ankerstaaten Mexiko und Brasilien, die wirtschaftliche Reformdynamik in den 80er und 90er Jahren mit ihren bleibenden makropolitischen Erfolgen der Inflationsbekämpfung und Haushaltssanierung sowie das erneute Erstarken der lateinamerikanischen Ökonomien insgesamt ab 2003 angeführt werden. Dieses insbesondere durch die anhaltende Schwäche des US-Dollars und hohe Rohstoff- und Agrarpreise auf dem Weltmarkt begünstigte Wachstum wurde auch durch die internationale Finanzkrise 2008/09 nur vorübergehend beeinträchtigt, während die OECD-Staaten sich hoffnungslos überschuldeten und bis heute kein Mittel gefunden haben, um die Finanzmärkte zu beruhigen.
• Ein weiteres Plus für eine intensivierte bi-regionale Partnerschaft ist schließlich die beachtliche kulturelle Dynamik, die die Region südlich des *Rio Grande* als Experimentierfeld einer „fragmentierten Moderne" ausweist.

Ungeachtet der genannten Faktoren, die für eine vertiefte bi-regionale Partnerschaft zwischen Europa und Lateinamerika sprechen, bestehen jedoch angesichts der o.g. strukturellen Herausforderungen begründete Zweifel, dass Europa sich auch in den kommenden Jahren ein „weiter so wie bisher" leisten kann, dass beide Seiten in ihren bi-regionalen Beziehungen auf diese Veränderungen adäquate Antworten gefunden haben und ob beide Partner wirklich bereit sind, ihre Beziehungen auf den Prüfstand zu stellen, weiter zu entwickeln und voneinander zu lernen. Letzteres ist durchaus möglich. So kann Europa, das sich mit Reformen schwer tut, lernen von der Reformdynamik Lateinamerikas, dessen flexiblem Umgang mit Krisen sowie seinem Experimentieren mit sozialen Sicherungssystemen. Die europäische Nachkriegsgeschichte bietet Lateinamerika auf der anderen Seite reichhaltiges Anschauungsmaterial für den gelungenen Versuch, Wachstum und Wettbewerbsfähigkeit mit sozialem Ausgleich und politischer Stabilität zu verbinden und die Integration voranzutreiben.

In den folgenden Abschnitten soll der politische Dialog als einer der Kernelemente (und Alleinstellungsmerkmal) der politischen Beziehungen zwischen beiden Regionen bilanziert werden, Schwachstellen benannt und Vorschläge für eine Neubelebung unter veränderten Rahmenbedingungen unterbreitet werden. Dieser politische Dialog bildet neben den Wirtschaftsbeziehungen (Handel und Privatinvestitionen) und der Entwicklungskooperation die dritte Säule der interregionalen Beziehungsstruktur. Mit der Konzentration auf den politischen Dialog als Kernbereich der politischen Beziehungen soll jedoch nicht geleugnet werden, dass auch die beiden Kooperationsfelder Wirtschaft und Entwicklungskooperation eine politische Dimension aufweisen und ein Großteil der politischen Beziehungen über die nationalen Außenministerien in beiden Regionen abgewickelt wird. Sie in die Analyse einzubeziehen würde jedoch den Rahmen dieses Beitrags sprengen.

3. Der politische Dialog als Kernbereich der politischen Beziehungen

Leitbild für die Präsenz beider Subregionen auf der internationalen Bühne ist die Orientierung am Multilateralismus. Das Mittel hierfür ist ein mehrstufiger politischer Dialog. Er geht auf die 70er Jahre zurück und erfolgt auf verschiedenen Ebenen und mit unterschiedlichen Partnern: Der Dialog mit der Region erfolgt mit der Rio-Gruppe, ergänzend im Rahmen der alle zwei Jahre stattfindenden Gipfeltreffen der Staats- und Regierungschefs beider Seiten und des Interparlamentarischen Dialogs. Auf der Ebene der regionalen Zusammenschlüsse sind die EU-Dialogpartner der *Mercosur*, die Andengemeinschaft und der Zentralamerikanische Gemeinsame Markt (*MCCA*). Bilateral privilegierte Dialogpartner sind ergänzend Chile, Mexiko und Brasilien. Als vierter Dialogpartner hat sich in den letzten Jahren zunehmend die Zivilgesellschaft zu Wort gemeldet. Das Panorama wird schließlich abgerundet durch eine Reihe spezifischer Sektordialoge (Drogen, Sicherheit, Klima und

Umwelt, etc.). Der gesamte Dialogprozess wurde im Laufe der Jahre konsequent mit den Kooperationsabkommen der unterschiedlichen Generationen und Assoziationsabkommen weiterentwickelt.

3.1 Der San José-Prozess

Der politische Dialog zwischen der Europäischen Union und Zentralamerika, der sogenannte San José-Prozess, ist der älteste Mechanismus dieser Art. Initiiert mit der ersten bi-regionalen Konferenz am 28. September 1984 in San José, Costa Rica, entwickelte sich dieser Dialog-Prozess zu einem Forum, das den beiderseitigen Beziehungen richtungweisende Impulse gab. Auslösendes Motiv war der explizite Wille beider Seiten in Richtung einer Pazifizierung Zentralamerikas mit den Teilstrategien: Entmilitarisierung, Rückzug der fremden Truppen und Initiierung des Dialogs zwischen den Konfliktparteien. Hinzu kam die Absicht, den noch embryonalen Demokratisierungsprozess in der Region als einen Beitrag zur politischen Stabilität und zur Wahrung der Menschenrechte zu fördern. Um diese politischen Ziele zu stärken und sie mit der sozioökonomischen Entwicklung auf längere Sicht zu verknüpfen, stellten die europäischen Führer insbesondere auf den Integrationsprozess ab (zum folgenden s. Bodemer 1985: 46 ff).

Das europäische Engagement in Zentralamerika wurde von der US-Regierung mit unverhohlenem Misstrauen gesehen und bisweilen mit harscher Kritik kommentiert. Dafür verantwortlich waren divergierende Krisenperzeptionen auf beiden Seiten des Atlantiks. Basisthese der Europäer war, dass die zentralamerikanische Krise in erster Linie in dem strukturellen Ungleichgewicht der ökonomischen und sozialen Entwicklung liege, mithin der Schwerpunkt eines europäischen Engagements auf wirtschaftliche und politische Unterstützung zu legen sei. In ökonomischer Hinsicht war man überzeugt, dass nur Entwicklung und wirtschaftlicher Zusammenschluss politische Stabilität auf lange Sicht verbürgten. Von daher galt das Hauptaugenmerk der Entwicklungsassistenz und hier vor allem regionalen Projekten im Rahmen des Zentralamerikanischen Gemeinsamen Marktes (*MCCA*). Bezüglich der politischen Aspekte wurde betont, dass die bestehenden Konflikte durch die Länder selbst gelöst werden müssten und die europäische Unterstützung sich am sinnvollsten in einer direkten Hilfe, d.h. über eine Assistenz bei den Friedensbemühungen konkretisierte.

Die Fokussierung der europäischen Krisenperzeption auf soziale Ungerechtigkeit als zentralem Bedrohungsfaktor kollidierte mit der geostrategischen Argumentation der amerikanischen Regierung, die die Probleme in Zentralamerika nahezu ausschließlich in den Kategorien des Ost-West-Konflikts und Begriffen ihrer nationalen Sicherheit interpretierten. Vor diesem Hintergrund wurden die Demokratisierungsprozesse in der Region als gefährlich, da den Status Quo verletzend, interpretiert. Obwohl einige konservative Regierungen in Europa dem harten Zentralamerika-Kurs der Reagan-Administration mit Verständnis begegneten und vor der Gefahr warnten, dass sich im Hinterhof der USA kommunistische Regierungen etablierten, wodurch im Konfliktfall lebenswichtige Nachschubverbindungen zwischen den USA und Europa gefährdet werden könnten, setzte sich mehrheitlich die im San-José-Prozess zum Ausdruck kommende Deeskalationsstrategie durch.

Dynamik und Fahrplan des im San José-Prozess etablierten Dialogs wurde wesentlich beeinflusst durch die weltwirtschaftlichen und regionalen Veränderungen sowie durch das Interessenprofil der involvierten Kräfte. Die Themen Frieden und Demokratisierung drückten dieser ersten Phase der interregionalen Zusammenarbeit ihren Stempel auf. Greifbare Resultate dieser Periode waren: die Institutionalisierung des politischen Dialogs, ein Rahmenabkommen über die interregionale Zusammenarbeit, unterzeichnet auf der Außenminister-Konferenz in Luxemburg am 11. und 12. November 1985, schließlich die Unterstützung für den subregionalen Friedensprozess, der in der Unterzeichnung des Esquipulas II-Abkommens am 7. August 1987 einen erfolgreichen Abschluss fand.

Seit der Auftakt-Konferenz in San José trafen sich die europäischen und zentralamerikanischen Außenminister jährlich abwechselnd in einem europäischen oder zentralamerikanischen Land in der Absicht, die bi-regionale Kooperation zu erweitern, um auf diese Weise zur wirtschaftlichen und sozialen Entwicklung des zentralamerikanischen Isthmus beizutragen.

Das Jahr 1990 markierte einen Wendepunkt im San José-Prozess, Ausdruck des gewandelten regionalen und internationalen Umfelds. Für Zentralamerika bedeutete das Ende des Kalten Krieges zugleich auch das Ende der ideologischen Konflikte. Damit wurde der Weg frei für pragmatische Verhandlungslösungen. Mit dem Friedensschluss in El Salvador und Nicaragua erhielt auch der äußerst schwierige Transitionsprozess in Guatemala neue Impulse. Die regionalen und interregionalen Wandlungsprozesse zu Beginn der 90er Jahre sorgten für eine stärkere wirtschaftspolitische und entwicklungspolitische Akzentuierung. Fragen des ökonomischen Wachstums, der Verteilungsgerechtigkeit sowie der internationalen Wettbewerbsfähigkeit der zentralamerikanischen Ökonomien traten nunmehr in den Mittelpunkt des Interesses. Akzentuiert wurde dies Schwerpunktverschiebung noch durch die Tatsache, dass das Engagement der USA in der Region spürbar nachließ und die Europäische Union und ihre Mitgliedstaaten nunmehr die Hauptlast der Entwicklungsassistenz trugen.

Auf wirtschaftlichem Gebiet schloss die EU im Januar 1992 ein präferenzielles Handelsabkommen mit dem Isthmus ab, das die Mehrzahl der landwirtschaftlichen Produkte der Region (Ausnahme: Bananen) einschloss. Einen qualitativen Sprung bedeutete schließlich die Unterzeichnung eines Kooperationsvertrags der „dritten Generation" – dem ersten dieser Art, den die Europäische Union mit einer Subregion abschloss. Dieses auf der 9. Außenminister-Konferenz in El Salvador im Februar 1993 unterzeichnete Abkommen enthielt außer den traditionellen Schwerpunkten der wirtschaftlichen und entwicklungspolitischen Zusammenarbeit ergänzend Programme der wissenschaftlichen und technologischen Kooperation, des Umweltschutzes und des Kampfes gegen den Drogenhandel.

Mitte der 90er Jahre mehrten sich die Stimmen, die vor einer Routinisierung und Erlahmung des Dialogs warnten und für seine Reform plädierten. Auslöser war die 11. Minister-Konferenz in Panama am 23./24. Februar 1995. Drei Leitziele sollten die neue Etappe des San José-Prozesses bestimmen und gleichzeitig die vorrangigen Kooperationsachsen ausmachen: die Konsolidierung des Rechtsstaats in der Region; die soziale Stabilisierung und der Abbau von Ungleichheiten; schließlich die Eingliederung Zentralamerikas in die Weltwirtschaft. Bezüglich der Dialog-Mechanismen schlug die EU-Kommission auf dem Minister-Treffen in Florenz (25./26. März 1996) in Übereinstimmung mit der Mehrheit der zentralamerikanischen Regierungen ebenfalls Änderungen vor: Anstelle der bisher jährlichen Außenminister-Treffen sollten diese künftig nur noch alle zwei Jahre stattfinden und im Jahr dazwischen Treffen mit der Troika. Dieser neue Rhythmus erleichtere eine sorgfältigere Vorbereitung der Treffen und damit konkretere Resultate. Heute besteht der Dialog aus einem inter-parlamentarischen, einem interministeriellen Dialog und verschiedenen Foren auf diplomatischer Ebene.

Ab Mitte der 90er Jahre verlor der San José-Prozess zunehmend an Schwung und trat in eine Phase der Stagnation. Dies hatte vor allem zu tun mit divergierenden Interessen und Erwartungen beider Seiten. Für die zentralamerikanische Seite war der Zugang zum EU-Markt vorrangiges Ziel, während Fragen der Entwicklungskooperation, der Demokratisierung und Menschenrechte, der Umwelt und sozialer Standards einen eher nachgeordneten Rang einnahmen. Die EU ihrerseits verwies in Fragen des Handels (inklusive der Gemeinsamen Agrarpolitik der EU) auf die WTO und stellte auf Fragen der demokratischen Konsolidierung und der Entwicklungskooperation als privilegierte Gesprächsthemen ab. Ergebnis war ein Dialog unter Taubstummen, was den San José-Prozess weiter schwächte.

Seit Ende des 20. Jahrhunderts beobachten wir als Reaktion auf veränderte internationale Rahmenbedingungen und die sogenannten „neuen sicherheitspolitischen Herausforderungen" eine gewisse Verlagerung der thematischen Schwerpunkte des Dialogs von interregionalen auf internationale Themen mit dem latenten Ziel, das multilaterale und multipolare System als Gegengewicht zu der unilateralen hegemonialen Prätention der US-Regierung zu stärken. Einschlägige Themen waren diesbezüglich die Reform des Sicherheitsrats, die Einrichtung des Internationalen Strafgerichtshofs, der Anti-Drogen-Kampf, der Anti-Terrorismus, humanitäre Interventionen, Friedensmissionen und Abrüstung. Zu dem gesellten sich eine gemeinsame Sprache zugunsten der repräsentativen Demokratie (gegenüber populistischen Versuchungen) und die Notwendigkeit, entschiedener die akkumulierte soziale Verschuldung anzupacken, ein Thema, das seit dem dritten bi-regionalen Gipfeltreffen in Guadalajara (im Mai 2004) einen privilegierten Platz in der europäisch-lateinamerikanischen Agenda einnimmt.

Unter den Beobachtern und Analysten des politischen Prozesses kam mehr und mehr die Überzeugung auf, dass sich das Format dieses wie der anderen politischen Dialoge ändern müsse. Das betraf zum einen den beteiligten Personenkreis. Man argumentierte, dass die einzige Strategie mit dem Ziel, die demokratische Konsensfindung zu erhöhen, in der Beteiligung jener zivilgesellschaftlicher Organisationen lag, die jenseits des schwachen zentralamerikanischen Parteiensystems die Interessen unterschiedlicher gesellschaftlicher Kräfte repräsentierten. So sehr von einem trilateralen Dialog dieser Art neue Impulse zu erwarten waren, war es andererseits bei nüchterner Betrachtung offenkundig, dass der San José-Prozess mit dem Abschluss des Friedensprozesses, der Demokratisierung und den politischen Reformen in Zentralamerika nicht mehr eines der Kernfelder der politischen bi-regionalen Beziehungen darstellte. Dies spiegelte sich auch in einer thematischen Fokusverschiebung wieder, indem nunmehr weniger politische als eher „technische" Themen, wie Handelserleichterungen und Technologiekooperation, in den Vordergrund des Meinungsaustauschs traten. Der Dialog mit der Troika erlaubte es anderseits, einen politischen Dialog auf hoher Ebene aufrecht zu erhalten, ohne allzu viele Akteure einzubeziehen Aber auch auf dieser Ebene wurde der Dialog in den letzten Jahren operativer, eine Folge nicht zuletzt auch des Umstands, dass die EU inzwischen 27 Mitglieder umfasst.

Angesichts der anhaltenden Stagnation, in der sich der San José-Prozess seit mehreren Jahren befindet und neuer interner und externer Herausforderungen beider Regionen seit Beginn des 21. Jahrhunderts, sind in den letzten Jahren deutliche Änderungen in Inhalt und Form dieses Dialogs auszumachen. Was die Themen betrifft, hat die Schlusserklärung und der Aktionsplan des ersten Bi-regionalen Gipfels in Rio de Janeiro im Juni 1999 eine lange Liste veröffentlicht. In Anlehnung daran einigten sich beide Seiten im Oktober 2000 auf einige (alte und neue) Aktionsfelder. Die neuen waren die verstärkte Zusammenarbeit in internationalen Foren, das internationale Finanzsystem, *Gender*-Fragen, Herausforderungen der Informationsgesellschaft und Fragen der Aus- und Weiterbildung.

Zusammenfassend lässt sich sagen, dass die Regierungen Europas mit Zentralamerika auf der Basis ihres aktiven Engagements im Friedensprozess in der Region einen politischen Dialog initiierten und über Jahre am Leben hielten, der einen der bestimmenden Aktivposten in den bi-regionalen Beziehungen darstellt und – wie das europäische Parlament 1997 unterstrich – einen der größten außenpolitischen Erfolge der Union darstellt. Auf der Basis dieser Erfahrung mit dem zentralamerikanischen Isthmus haben sich bis heute nicht weniger als acht unterschiedliche Dialoge mit verschiedenen Partnern etabliert.

3.2 Der politische Dialog mit der Rio-Gruppe und die bi-regionalen Gipfeltreffen

Ergänzend zum San José-Dialog, der sich auf Zentralamerika beschränkte, und auf ihm aufbauend etablierte sich Ende der 80er Jahre ein weiterer Dialog-Partner, die Rio-Gruppe, die sich auf den gesamten lateinamerikanischen Subkontinent bezog. Bereits im Dezember 1986 hatte sich aus der *Contadora*-Gruppe (Kolumbien, Mexiko, Panama und Venezuela) und der sogenannten „Unterstützungsgruppe" (*Grupo de Apoyo*) – Argentinien, Brasilien, Peru und Uruguay – die „Gruppe der Acht" konstituiert, die sich dann ab 1989 Rio-Gruppe nannte.

Von Anfang an unterhielt die Rio-Gruppe enge Beziehungen zur Europäischen Union: zuerst (seit 1987) durch informelle Minister-Treffen im Rahmen der Generalversammlung der Vereinten Nationen, die jeweils im September in New York abgehalten werden, seit der „Erklärung von Rom" 1990 in institutionalisierter Form. Seitdem treffen sich die Außenminister beider Seiten jährlich alternierend in Europa und Lateinamerika. Darüber hinaus behalten sie die regelmäßigen Treffen in New York im Rahmen der UN-Vollversammlung bei; hinzu kamen Begegnungen zur Behandlung spezifischer Themen.

Die Interessen an der Aufrechterhaltung dieses Dialogs sind auf beiden Seiten vielfältiger Natur. Für die Lateinamerikaner bedeutete der Dialog vor allem eine Anerkennung als gleichberechtigter Gesprächspartner durch eine der potentesten Wirtschaftsmächte der industrialisierten Welt. Zugleich diente die Vertiefung des politischen Dialogs mit den Europäern den lateinamerikanischen Partnern als Gegengewicht zur Hegemonie der USA in der Region, zur Stärkung der Verhandlungskapazität in der internationalen Arena und zur Diversifizierung der Außenbeziehungen.

Die EU sympathisierte ihrerseits von Anfang an mit der Rio-Gruppe, zumal sie die friedenpolitischen Initiativen ihrer Gründungsmitglieder im Rahmen des *Contadora*-Prozesses bereits bedingungslos unterstützt hatte. Die neue Dynamik des lateinamerikanischen Integrationsprozesses ermutigte die EU ergänzend, ihre eigenen Integrationserfahrungen den Lateinamerikanern näher zu bringen. Neben den „klassischen" politischen und wirtschaftlichen Themen des bi-regionalen Verhältnisses standen in den 90er Jahren die Themen Umweltschutz, Drogenhandel und Sicherheitspolitik auf der Tagesordnung.

Beim Thema Drogenhandel wurden die Produktion, der Handel und der Konsum gleichermaßen thematisiert. Auf der operativen Ebene konzentrierte sich das Interesse der Europäer insbesondere auf die Substituierung der Drogenkulturen und auf Vorbeuge-Aktionen, ergänzend auf die Erweiterung der Meist-Begünstigungsklausel und eine Zugangs-Vereinfachung auf dem europäischen Markt für einen Großteil der Agrarprodukte, die aus den Erzeuger-Ländern von Coca stammen.

Beim Thema Sicherheit, das über die Jahre im bi-regionalen Dialog regelmäßig erörtert wurde, konzentrierte sich der Meinungsaustausch auf Fragen der Reduzierung der Rüstungsausgaben und der konventionellen Waffensysteme, die Nicht-Verbreitung von Massenvernichtungswaffen, Konflikte in Drittländern, zwischenstaatliche Streitigkeiten, Bürgerkriege und Terrorismus sowie vertrauensbildende Maßnahmen. Bedeckt hält sich die EU allerdings infolge massiver wirtschaftlicher Eigeninteressen in der Frage der Modernisierung der militärischen Infrastruktur und des Waffentransfers. Ergänzende Dialog-Themen sind seit dem Dritten Bi-regionalen Gipfeltreffen in Guadalajara, Mexiko (Mai 2004), der soziale Zusammenhalt (*cohesión social*)[1] und demokratische Gobernanz (*gobernanza democrática*).

Die Zahl der sicherheitspolitischen Konfliktthemen zwischen beiden Regionen ist gering. Einerseits gibt es den Konflikt zwischen Argentinien und Großbritannien um die Falkland/Malvinen-Inseln, andererseits jenen zwischen Guatemala und Großbritannien um Belize. In beiden Konflikten ist man auf dem Weg zu einer Verständigung weitergekommen, ohne deshalb jedoch gegen Rückschläge gefeit zu sein.[2] In Bezug auf Kuba und dessen konfliktgeladene Beziehungen zu den USA

---

1 s. hierzu Bodemer (2009).
2 So trugen die von britischer Seite 2010 einseitig initiierten Erdöl-Prospektionsarbeiten auf den Falkland/Malvinen-Inseln zu einer erneuten Verhärtung der Fronten bei.

haben die EU und die Rio-Gruppe sehr ähnliche Positionen. So werden einerseits Menschenrechtsverletzungen auf Kuba verurteilt und der Wille zur Unterstützung des Übergangs zur Demokratie bekundet, andererseits jedoch die Embargo-Politik der USA und das Helms/Burton-Gesetz kritisiert.

Als Ausdruck des gemeinsamen Interesses an Frieden und Sicherheit entwickelte sich im Laufe der Jahre ein spezifischer sicherheitspolitischer Dialog im weitesten Sinn, der jedoch mit den Ereignissen vom 11. September 2001 zum Stillstand kam und erst in den letzten Jahre wieder reaktiviert wurde. Bis zu diesem Datum war dieser Dialog dadurch charakterisiert, dass es trotz unterschiedlicher sicherheitspolitischer Lageparameter in beiden Regionen eine Reihe von Gemeinsamkeiten gab, die die Formulierung gemeinsamer Positionen erleichterten. So stützen beide Seiten ihre Verteidigungs- und Sicherheitspolitiken auf die Allianz mit den Vereinigten Staaten, obwohl die institutionellen Mechanismen und der Grad der Verwundbarkeit differieren. Eine weitere Gemeinsamkeit ist das Gewicht, das beide Seiten einem Integrationsprozess beimessen, der über die Errichtung von Freihandelszonen hinaus einen gemeinsamen Markt und – als Fernziel – die politische Integration anstrebt. Ein so definierter umfassender Integrationsprozess hat nach der Überzeugung beider Seiten zwangsläufig auch eine sicherheitspolitische Dimension. Regionale Integration, demokratische Konsolidierung und Sicherheit werden somit als integrale Einheit begriffen (Bodemer 2009).

Angesichts des Gewichts, das beide Seiten in jüngster Zeit den Themen Armut, Ungleichheit und sozialer Ausschluss beimessen, verdient abschließend eine Entscheidung auf dem 11. Außenminister-Treffen im März 2003 Erwähnung. In der Abschlussdeklaration dieses Treffens wurde auf die wachsende Bedeutung der Themen sozialer Zusammenhalt und demokratische Gobernanz hingewiesen. Außenhandels-Kommissar Chris Patten kündigte an, das Thema „sozialer Zusammenhalt" auf dem nächsten bi-regionalen Gipfel in Guadalajara zum

Zentralthema zu machen. Seitdem nimmt dieses Thema einen vorrangigen Platz auf der bi-regionalen Agenda ein.

3.3 Mehr als symbolische Politik? Eine kritische Bilanz des europäisch-lateinamerikanischen Dialog-Prozesses

Gipfelerklärungen sind mit ihren Abschlusserklärungen und Aktionsprogrammen weitgehend symbolische Politik. Zentrale politische Botschaft der ersten beiden Gipfeltreffen (in Rio de Janeiro, 1999, und Madrid, 2002) war die Absicht aller Beteiligten, die bi-regionalen Beziehungen zu einer „strategischen Partnerschaft" auszubauen. Diese Botschaft hatte insofern visionären Charakter, als die Schaffung einer derartigen Partnerschaft darauf abzielt, globale Probleme in Kooperation zu identifizieren, gemeinsame Positionen zu formulieren, sowie Institutionen und Regime zur Bearbeitung und Steuerung globaler Interdependenz zu entwickeln, die internationalen Beziehungen somit strategisch zu gestalten. Handlungsmodell ist die anvisierte strategische Partnerschaft insofern, als bereits auf dem 1. Gipfeltreffen in Rio de Janeiro eine 69 Punkte-Erklärung für die drei Felder der Politik, Wirtschaft und Bildung/Kultur/Soziales verabschiedet und auf ihrer Basis 55 (!) Handlungsprioritäten gesetzt wurden. Letztere wurden in Tusula im November 1999 zu elf Kooperationsschwerpunkten verdichtet. Auf den folgenden Gipfeltreffen wurden ergänzend Prioritäten der Zusammenarbeit benannt, so auf dem 2. Gipfeltreffen in Madrid (2002) „Informationsgesellschaft und höhere Bildung", übersetzt in die Kooperationsprogramme *ALIS* und *Alßan*; auf dem 3. Gipfel in Guadalajara (2004) regionale Integration, Multilateralismus und soziale Kohäsion, letztere überführt in das Kooperationsprogramm *EuroSocial*. Soziale Kohäsion wurde aufgrund der weiterhin extrem ungleichen Einkommensverteilung innerhalb und zwischen den Staaten Lateinamerikas sowie der Erfahrungen der europäischen Sozialstaaten und des EU-Kohäsionsfonds thematisiert mit dem Ziel, in diesem Bereich stärker zu kooperieren. Das Thema „Multilateralismus" umfasste als wesentliche Komponente die regionale Integration bzw. die Kooperation mit den Subregionen, die beide Seiten als Schritt in Richtung einer multilateralen Weltordnung begreifen. Im Bekenntnis zu einer engeren bi-regionalen Zusammenarbeit bei globalen Herausforderungen kann im Ansatz eine strategische Ausrichtung der Partnerschaft gesehen werden. Deren Substanz bleibt jedoch noch zu definieren. Auf dem 4. Gipfel in Wien (2006) kam die Schaffung eines gemeinsamen europäisch-lateinamerikanischen Hochschulraums hinzu, dessen Kern die weitere Vertiefung des Hochschulaustauschs mit den Programmen *Alßan*, *ALFA* und *Erasmus Mundi* bildete. Auf dem 5. Gipfel in Lima (2008) beherrschten Umwelt, Klimawandel und nachhaltige Entwicklung die Debatte (s. Maihold 2008), während schließlich auf dem letzten 6. Gipfel in Madrid Innovation und neue Technologien für nachhaltige Entwicklung und soziale Inklusion im Zentrum standen. Praktische Handlungskonsequenzen, die auch die bilateralen Geber in die Pflicht genommen hätten, wurden aus den genannten politischen Schwerpunktsetzungen und Programmen der horizontalen Kooperation bislang jedoch nicht abgeleitet.

Insgesamt sind die Gipfeltreffen der Staats- und Regierungschefs somit wenig handlungsrelevant; ihre Ergebnisse erschöpfen sich weitgehend im Deklaratorischen. Dennoch haben die Treffen ihren Wert. Er besteht darin, dass sie ein in dieser Zusammensetzung einmaliges Begegnungsforum der Staats- und Regierungschefs (und Außenminister) beider Seiten und damit ein Pendant zu den hemisphärischen Gipfeln bilden und für beide Seiten wichtige Themen auf die politische Agenda setzen.

Der Dialog mit der Rio-Gruppe hat seit der Jahrtausendwende spürbar an Bedeutung eingebüßt. Dieser Dialog, der seit der „Erklärung von Rom" (1990) in institutionalisierter Form stattfindet, beruht auf der Fiktion einer Kohärenz außenpolitischer Positionen, zu der die lateinamerikanischen Partner aufgrund ihrer höchst unterschiedlichen Entwicklungsniveaus und Interessenlagen selbst gar nicht in der Lage sind. Aber auch die europäische Seite hat mit der 4. Erweiterungsrunde und ihren nunmehr 27 Mitgliedländern zunehmend Schwierigkeiten, zu gemeinsamen Positionen zu finden. Bei den diversen politischen Krisen in Lateinamerika, bei denen die demokratische Regierbarkeit bedroht war (so in Bolivien im Oktober 2003; Haiti Januar 2004; Peru 2000, Honduras 2009/10, Venezuela-Kolumbien 2010) trat die Rio-Gruppe kaum in Erscheinung. Ihre Aktivitäten beschränkten sich mehrheitlich auf die Verabschiedung von Erklärungen, in denen sie ihrer Sorge angesichts der entstandenen Probleme Ausdruck gab und ihre Erleichterung kundtat, wenn diese dann gelöst waren. Im Konsens von Cuzco im Jahre 2003 wurde die Stärkung der demokratischen Regierbarkeit zur Hauptaufgabe erklärt; der niedrige Grad an Institutionalität der Rio-Gruppe und die fehlende Bereitschaft ihrer Mitglieder, die Kompetenzen der Gruppe zu erweitern, stellte jedoch bislang ein Hemmnis für eine entschiedenere Haltung gegenüber den verschiedenen Krisen der Regierbarkeit in den Ländern der Region dar. Die Gruppe verlor so zunehmend an politischer Bedeutung, Sichtbarkeit und Repräsentativität angesichts des Aufkommens neuer regionaler Akteure wie der „Union Südamerikanischen Staaten" (*Unidad de Naciones Sudamericanas, UNASUR*, 2004) und der im Februar 2010 gegründeten *Comunidad de Estados Latinoamericanos y Caribeños(CELAC)*. Hierzu trägt auch die Tatsache bei, dass Länder wie Mexiko, Brasilien, Venezuela und Chile zunehmend als eigenständige regionale und internationale Akteure auftreten.

Die Bilanz der politischen Dialoge mit den subregionalen Integrationsregimen und den Einzelstaaten fällt ambivalent aus:

1. Der Dialog zwischen der EU und Zentralamerika, der sogenannte San José-Prozess, erlebte seine Hochkonjunktur in den 80er bis Anfang der 90er Jahren, trat dann mit dem Abschluss des Friedensprozesses und dem nicht erfüllten Wunsch der zentralamerikanischen Regierungen nach Abschluss eines Assoziierungsabkommens und ihrer Weigerung im Jahr 2003, sich lediglich mit einem Abkommen der Dritten Generation Plus zufrieden zu geben in eine Phase der Stagnation. Erst auf dem 4. Gipfeltreffen in Wien war die EU bereit, ent-

sprechende Verhandlungen einzuleiten, die schließlich auf dem 6. Gipfeltreffen in Madrid im Mai 2010 zum Erfolg führten.
2. Ein vergleichbares Schicksal erfuhr der politische Dialog mit der Andengemeinschaft, der mit dem Abschluss eines Abkommens der Dritten Generation 2003 einen neuen Schub erhielt, wobei in diesem Fall jedoch die innere Zerrissenheit und politische Instabilität des Integrationsbündnisses sich als zentrales Hindernis für einen funktionierenden politischen Dialog und Fortschritten in den Assoziationsverhandlungen erwies.
3. Der politische Dialog mit dem *Mercosur*, dem mit Abstand wichtigsten und trotz wiederholter Rückschläge erfolgreichsten lateinamerikanischen Integrationsregime, wurde 1995 mit einem Abkommen der Vierten Generation formalisiert und funktionierte über die Jahre weitgehend reibungslos. Dennoch gelang es bis heute nicht, das auf dem Rio-Gipfel 1999 vereinbarte Assoziationsabkommen unter Dach und Fach zu bringen. Dieses Versagen dem bilateralen politischen Dialog anzulasten wäre jedoch unangemessen, ging es doch bei diesen für beide Seiten wichtigsten Verhandlungen im Rahmen der interregionalen Beziehungen um gewichtige und gut organisierte *vested interests* in Europa wie in Lateinamerika, die bis heute einen Durchbruch verhinderten.
4. Die bilateralen politischen Dialoge mit Mexiko und Chile (seit den Assoziationsabkommen von 2000 und 2002) und Brasilien (seit der Vereinbarung einer strategischen Allianz von 2007) weisen bislang eine positive Bilanz auf, wenngleich sie nicht immer ausreichend genutzt wurden. Dieses bilaterale, von den lateinamerikanischen Staaten favorisierte Dialogformat bietet grundsätzlich größere Chancen für konstruktive Ergebnisse, da bei ihnen der in der Regel mühsame Abstimmungsprozess unter mehreren Partnern mit nicht selten divergierenden Interessen entfällt (De Arenal 2010: 36f). So ist es auch kein Zufall, dass es gerade diese bilateralen Verbindungen waren, die schnelle Abschlüsse von Assoziierungs- und Kooperationsverträgen erbrachten und so auch in der Gunst der lateinamerikanischen Regierungen oben an stehen (Gratius /Risi 2002: 105).

5. Der jüngst mit Kuba initiierte Dialog hat demgegenüber infolge des auch unter Raúl Castro weiterbestehenden politischen Immobilismus bislang keine greifbaren Ergebnisse erbracht.

Die Ergänzung der Regionaldialoge durch bilaterale Dialoge kann insgesamt als eine europäische Antwort auf die seit dem Scheitern der Gesamthemisphärischen Freihandelszone *ALCA* geänderte US-Strategie gegenüber Lateinamerika interpretiert werden. Diese Strategie der „*hub and spokes*" setzt – gleichsam als Ersatz für die gescheiterte *ALCA*-Strategie – auf ein Netz bilateraler Freihandelsabkommen mit den Ländern südlich des *Rio Grande* mit dem Fernziel, gemäß der „alten" *ALCA*-Vision die beiden Amerikas von Alaska bis Feuerland in einen einheitlichen Handels- und Investitionsraum zu integrieren. Die Doppelstrategie der EU – Gruppendialoge neben bilateralen Dialogen – macht deutlich, wie sehr die Konkurrenzsituation zu den USA und geostrategische Überlegungen die europäisch-lateinamerikanischen Beziehungen mitbestimmen. Die Doppelstrategie hat so durchaus ihre Logik. Ungeachtet dessen gilt es jedoch bezüglich des Formats des bilateralen Dialogs festzuhalten, dass die EU damit ihrer über Jahrzehnte hochgehaltenen strategischen Leitlinie, nur von Region zu Region zu verhandeln, zuwider handelt und damit ihre außenpolitische Glaubwürdigkeit in der Region beeinträchtigt.

Über Jahre stimmte die Mehrzahl der politischen und wissenschaftlichen Beobachter des europäisch-lateinamerikanischen Verhältnisses darin überein, dass der politische Dialog gewissermaßen das Markenzeichen und Alleinstellungsmerkmal der europäisch-lateinamerikanischen Beziehungen darstellt, das in anderen interregionalen Beziehungen (so zwischen den USA und seinen südlichen Nachbarn) kein Pendant findet. In seinen verschiedenen Varianten galt dieser Dialog so auch zumindest in den 80er und 90er Jahren als solides Fundament der interregionalen Beziehungen. Er setzte die Agenda für die Fortentwicklung der Beziehungen, bot ein beständiges, institutionalisiertes Netzwerk für den

Austausch und die Abstimmung von Positionen und trug als Dialog „auf gleicher Augenhöhe" dazu bei, die Asymmetrien der Beziehungen zu mildern. Schließlich half der Dialog, Positionierungen bei spezifischen Problemen und Fragestellungen zu präzisieren und gruppenintern zu konzertieren, letzteres allerdings mit unterschiedlichem Erfolg: Wie die seit über einem Jahrzehnt laufenden Verhandlungen über ein Assoziierungsabkommen zwischen der EU und dem *Mercosur* zeigen, gelang es der EU aufgrund ihrer langjährigen Erfahrungen bei der Bündelung von Interessen und dem *pooling* von Souveränität besser, nach außen mit einer einheitlichen Position aufzutreten als den hierin weniger erfahrenen lateinamerikanischen Partnern (Westphal 2005: 185f).

Ungeachtet der gemischten Bilanz des europäisch-lateinamerikanischen Dialogprozesses, des wachsenden kritischen Urteils über dessen Formate und deren geringe Praxisrelevanz wäre es aber übertrieben und ungerechtfertigt, diesem Spezifikum der interregionalen Beziehungen jeglichen politischen Wert abzusprechen. Ihre wichtige politische Funktion in den interregionalen Beziehungen gründet auf der Beobachtung, dass diese Dialoge

- die Agenda für die Entwicklung der europäisch-lateinamerikanischen Beziehungen vorbereiten und definieren;
- ein institutionalisiertes und auf Dauer angelegtes Netzwerk für die Artikulation, den Austausch und die Konzertierung politischer Positionen in nicht- oder nur gering kontroversen Themen begründen;
- den Regierungen, Parlamentariern und zivilgesellschaftlichen Organisationen ein Forum des Austauschs und wechselseitigen Kennenlernens bieten;
- dazu beitragen, bestehende Asymmetrien zwischen beiden Seiten zu reduzieren; schließlich
- die Beteiligten motivieren, ihre Positionen zu bestimmten Problemen und Themen der bi-regionalen und internationalen Agenda klar zu artikulieren.

Als zusammenfassendes Urteil gilt es somit festzuhalten: Der politische Dialog, initiiert 1984 in San José, Costa Rica, und seitdem integraler Bestandteil der Kooperations- und Assoziationsabkommen verschiedener Generationen findet in einem breiten Spektrum von Institutionen und auf allen Ebenen statt, bi-regional (Gipfeltreffen der Staats- und Regierungschefs), regional (Rio-Gruppe), subregional (mit Zentralamerika, der Andengemeinschaft und dem *Mercosur*) und bilateral (im Rahmen der Assoziationsabkommen mit Mexiko und Chile, der strategischen Partnerschaft mit Brasilien, schließlich mit Kuba). Die Harmonisierung und Konzertierung von politischen Positionen auf den bislang sechs biregionalen Gipfeltreffen wäre ohne die Vielzahl politischer Dialoge in den zurückliegenden Jahren nicht möglich gewesen. In seinen verschiedenen Varianten kann der Dialogprozess insgesamt als solides Fundament und Alleinstellungsmerkmal der bilateralen Beziehungen gelten: In den hemisphärischen Beziehungen zwischen den USA und seinen südlichen Nachbarn gibt es diesbezüglich keinen vergleichbaren Mechanismus. Als „Dialog auf gleicher Augenhöhe" trägt der Dialog dazu bei, die Asymmetrien in den Beziehungen zu mildern, Positionierungen bei spezifischen Problemen und Fragestellungen zu präzisieren und gruppenintern zu konzertieren sowie die Rahmenbedingungen für Projekte und Programme der Entwicklungszusammenarbeit zu verbessern.

Ungeachtet dieser grundsätzlich positiven Wertung des politischen Dialogs auf den verschiedenen Ebenen der bi-regionalen Beziehungen lassen sich in den letzten Jahren jedoch unverkennbare Ermüdungserscheinungen ausmachen. Auch ist die erhoffte stimulierende Wirkung auf die bi-regionalen Beziehungen weitgehend ausgeblieben[3], obwohl sich die Verantwortlichen seit dem 3. Gipfeltreffen in Guadalajara (Mai

---

3 Eine Reihe von Interviews des Verfassers mit politischen Entscheidungsträgern und entwicklungspolitischen Durchführungsorganisationen in Deutschland und Österreich im Jahre 2005 bestätigen, dass auf der Ebene (zumindest) dieser beiden EU-Mitgliedländer den Gipfelbeschlüssen keinerlei praktische, das bilaterale Verhalten gegenüber Lateinamerika steuernde Relevanz zukommt.

2004) vom „*café para todos*" verabschiedet und auf wenige Themen konzentriert haben. Dass mit dieser stärkeren Fokussierung jedoch die „Suche des Formats nach Substanz" (Maihold) fündig geworden ist, ist allerdings zweifelhaft. Nüchtern betrachtet handelt es sich bei dem europäisch-lateinamerikanischen Dialog-Prozess auf den verschiedenen Ebenen im Wesentlichen um symbolische Politik, die aber – daran sei erinnert – auch Politik ist.

4. Auf dem Weg zu einem erneuerten Dialog – einige Vorschläge

Wie die Statistiken und eine umfangreiche Literatur zu den europäischlateinamerikanischen Beziehungen ausweisen, war Lateinamerika nie eine außenpolitische Priorität der EU. Das gilt selbst für die 60er und 70er Jahre des letzten Jahrhunderts, in denen die bi-regionalen Beziehungen eine gewisse Blüte erfuhren. Nach Jahren der Stagnation in den bilateralen Beziehungen hat der Subkontinent jedoch in jüngster Zeit wiederum verstärktes Interesse bei europäischen Politikern und Wirtschaftskreisen geweckt. Neben dem o.g. erneuten Wachstum und dem relativ erfolgreichen Umgang der lateinamerikanischen Regierungen mit der internationalen Finanzkrise sind in diesem Zusammenhang insbesondere die Themen Klima, Umwelt und Energie zu nennen, mithin Politikfelder, die den Politikern und Bürgern in Europa (und darüber hinaus) auf den Nägeln brennen und bei denen Lateinamerika einiges zu bieten hat. Schon aus diesen Gründen lohnt es, sich über die beiderseitigen Beziehungen – in unserem Fall: die interregionalen politischen Beziehungen – zu Beginn des zweiten Jahrzehnts des 21. Jahrhunderts einmal mehr Gedanken zu machen. Dem geänderten regionalen und internationalen Kontext seit Beginn dieses Jahrhunderts und den in den vorangehenden Abschnitten genannten konditionierenden Faktoren Rechnung tragend stellt sich heute jenseits der Konsultationen auf Regierungsebene die Aufgabe einer Neudefinition des thematischen Spektrums sowie der Formen des Dialogs zwischen Europa und Lateinamerika, und dies nicht nur im Hinblick auf die regionale und subregionale Ebene, sondern auch auf die Zusammensetzung des Teilnehmerkreises an diesem Dialog. Dabei sollte ein erneuerter, flexiblerer, effektiverer, mehr partizipativer und zukunftsorientierter politischer Dialog folgende Reformschritte in Angriff nehmen:

- Die Vielzahl der Dialoge, die zunehmend zu deren Abwertung, zu Erstarrung in Routine, thematischen Überlappungen und personellen Engpässen führt, sollte reduziert werden und die verbleibenden Dialoge mehr an den Prioritäten beider Seiten ausgerichtet werden.
- Es sollte eine systematische und durch entsprechende finanzielle Mittel gestützte Anstrengung unternommen werden, um den reichen Erfahrungsschatz mit den Dialogen auszuwerten und die Ergebnisse breit zu streuen (Freres 2007:104).
- Angesichts der Tatsache, dass sowohl die europäisch-lateinamerikanischen wie die Iberoamerikanischen Gipfeltreffen weitgehend von der europäischen Seite dominiert werden, sollte den lateinamerikanischen Partnern klar gemacht werden, dass sie sich mehr engagieren müssen, wenn sie eine symmetrischere Beziehung bzw. eine strategische Partnerschaft mit Europa anstreben.
- Angesichts der bisherigen weitgehenden Folgenlosigkeit der Gipfelbeschlüsse auf der operativen Ebene in Brüssel, vor allem aber in den Mitgliedsländern, sollte ein strukturierter Mechanismus der Implementierung der Gipfelbeschlüsse und ihrer Fortschreibung in den Intervallen zwischen den Gipfeln eingeführt werden. Dies könnte, wie bei den Iberoamerikanischen Gipfeln, über ein neu zu gründendes *Pro-tempore*-Sekretariat geschehen, das alle Organisatoren des letzten wie des Folgegipfels vereint.
- Den Gipfeltreffen sollte insgesamt eine größere Sichtbarkeit, ein klareres Profil und mehr inhaltliche Substanz gegeben werden. Letzteres wurde bislang durch die hohe normative Aufladung der Dialoge, d. h. ihre Ausrichtung an Werten und ihrem voluntaristischen Charakter erschwert (Arenal 2010: 35).

- Die Gruppe der Lateinamerikanischen Botschafter (*GRULA*) in Brüssel sollte besser mit den Generaldirektionen der EU-Kommission koordiniert werden und *ALOP* sollte den bi-regionalen Treffen der für die Kooperation Verantwortlichen, die 2002 eingeführt wurden, mehr Gewicht geben.
- Es sollten Sektor- und Querschnittsdialoge initiiert werden, zum Beispiel zu Fragen der Kooperation in Grenzregionen, zu Frieden und Sicherheit, Migration, sozialer Kohäsion, Drogenhandel, Demokratie und Menschenrechten, Klimawandel und nachhaltige Entwicklung sowie demokratischer Gobernanz (u.ä.).
- Als Beitrag zur Stärkung der Regierungsstrukturen in Lateinamerika sollte der technische Austausch gefördert werden, wobei die einschlägigen Erfahrungen in den Ausschüssen der *OECD* und die Ausbildungsmaßnahmen in den Programmen *SIGMA*[4] zu nutzen wären.
- Der interparlamentarische Dialog sollte gestärkt werden, vor allem im Rahmen der kürzlich geschaffenen Europäisch-Lateinamerikanischen Parlamentarischen Versammlung (*Asamblea Parlamentaria Euro-Latinoamericana, EuroLat*) (Ajeno Fresno; Stavridis 2011) und diese enger mit den offiziellen Foren verbunden werden.
- Auf Initiative des Europäischen Parlaments, konkret: der Euro-Lateinamerikanischen Parlamentarischen Versammlung (*EuroLat*) wurde 2006 eine Studie in Auftrag gegeben, angesichts der geopolitischen Veränderungen und der wachsenden Süd-Süd-Kooperation die Chancen für die Etablierung eines trilateralen Dialogs zwischen der EU, Lateinamerika und Asien auszuloten. Ansätze einer solchen Triangulation gehen insbesondere auf eine spanische Initiative zurück. Die Studie, deren Autor der Verfasser dieses Beitrags ist, kommt zu dem Ergebnis, dass ein solcher triangulärer Dialog über Themen, die von allen drei Seiten als vorrangig eingestuft werden durchaus als ein innovativer Schritt zur Formulierung und Implementierung abge-

---

4 SIGMA (Support for Improvement in Governance and Management) ist eine gemeinsame Initiative der OECD und der EU. Das insbesondere von der EU finanzierte Programm unterstützt EU-Beitrittskandidaten und Nachbarschaftsländer der EU bei ihren Verwaltungsreformen.

stimmter Regeln auf dem Weg zu *global governance* angesehen werden kann, warnt jedoch zugleich angesichts einer Reihe struktureller Hindernisse vor überzogenem Optimismus (Einzelheiten s. Bodemer 2008).[5]
- Auch den Dialog mit der Zivilgesellschaft gilt es zu stärken, z. B. mit *ALOP*, der *Asociación Latinoamericana de Organicaciones de Promoción*, den Unternehmen (Business Forum), der Klein- und Mittelindustrie (*Pymes*), mit Gewerkschaften, lokalen Einheiten und Universitäten (*OBREAL*[6] u. a.), und diesen Dialog enger mit den Dialogen auf hoher Ebene zu koordinieren.
- Insgesamt sollten die vorhandenen Dialoge sich mehr an den Bedürfnissen der Länder und Regionen sowie ihren Bürgern orientieren und mit den Entscheidungsebenen rückgekoppelt werden. Die Programme *URB-AL* und die Aktivitäten im Rahmen der sogenannten Dezentralisierten Zusammenarbeit (*cooperación descentralizada*) bieten hier gute Ansatzpunkte (s. hierzu Bodemer 2010).
- Die Diskrepanz zwischen politischem Diskurs, der Kooperationspraxis auf der operativen Ebene und dem Eigenleben institutionellen Strukturen des bi-regionales Verhältnisses sollte reduziert werden. Dies schließt auch ein, den von der EU zunehmend praktizierten selektiven Bilateralismus, d.h. die Privilegierung einiger Länder, so Brasilien, Mexiko und Chile, auf Kosten der Region als Ganzes zu überdenken und daraus entstehende politische Kosten mit ins Kalkül zu ziehen.
- Der wachsenden Differenzierung und Heterogenität des Subkontinents sollte stärker Rechnung getragen werden. Dies impliziert ein neues Format und Profil des Dialogs. Dies bedeutet einerseits, den Gruppen-Dialog zu ergänzen durch bilaterale Dialoge (so mit Bra-

---

5 Von einer Weiterverfolgung der spanischen Initiative durch die EU-Kommission ist dem Verfasser nichts bekannt.

6 OBREAL (Observatorio de las Relaciones Unión Europea-América Latina), ein Netzwerk aus 23 akademischen Institutionen und Forschungseinrichtungen in Europa und Lateinamerika, ist eine Plattform für den wissenschaftlichen Austausch und die Politikberatung.

silien, Mexiko und Chile), auf der anderen Seite den thematischen Austausch auf jene Gebiete auszudehnen, die auf der Handlungsebene Komplementarität erwarten lassen (Maihold, Zilla 2005:7).
- Um den Pegel von Missverständnissen im bi-regionalen Dialog abzusenken, sollte sensibler dem Umstand Rechnung getragen werden, dass die Verwendung identischer Begriffe auf beiden Seiten häufig mit unterschiedlichen Inhalten assoziiert wird. So verbinden Lateinamerikaner mit dem Begriff des Multilateralismus, den beide Seiten als Leitbild für ihre Präsenz auf der internationalen Bühne verwenden, partiell andere Inhalte als die Europäer. Während die Europäer von „effektiven Multilateralismus" sprechen und dem Begriff eine starke entwicklungspolitische Aufladung geben, die Gleichheitsdimension betonen und auf Block-zu-Block-Beziehungen, mithin den Interregionalismus, abstellen, folgen viele Länder Lateinamerikas eher einem „defensiven Multilateralismus", der auf die Bewahrung der Souveränität der Länder ausgerichtet ist (Maihold 2006: 7 und 9; Van Klaveren 2004:61). Vergleichbare Interpretationsdiskrepanzen weist der Begriff der „sozialen Kohäsion" auf, den beide Seiten seit der 3. Gipfelkonferenz in Guadalajara zum Schwerpunkt ihrer Zusammenarbeit erhoben (s. hierzu Bodemer 2009).
- Angesichts der jüngsten Entwicklungen in Europa (Euro-Krise und Staatsbankrott; Unsicherheit über die Zukunft Europas, wachsende nationale Egoismen und Jugendrevolten) sollte die europäische Seite sich Zurückhaltung auferlegen in der Frage der Übertragbarkeit der europäischen Integration und des Modellexports des europäischen Wohlfahrtsstaats, andererseits jedoch entschiedener als bisher in den Dialog mit den lateinamerikanischen Partnern die Debatte über die Reform dieses Modells und seine bessere Anpassung an die Erfordernisse der Globalisierung einbringen.
- Angesichts der einleitend beschriebenen dramatischen Veränderungen der geopolitischen Landkarte und der machtpolitischen Verschiebungen im internationalen System seit der Jahrtausendwende ist eine Historisierung der bi-regionalen Beziehungen, wie sie von europäischer Seite seit Jahrzehnten gepflegt wird, heute kaum mehr ange-

bracht, dies umso weniger, als die traditionellen Machtpole der OECD, die USA, Japan und die EU, offensichtlich immer weniger in der Lage sind, mit den strukturellen Herausforderungen des 21. Jahrhunderts wie der Migration, der Finanzkrise, dem demographischen Wandel, dem Klimawandel und der Energiekrise konstruktiv umzugehen. Damit hat ihr Vorbildcharakter für die Länder des Südens, der noch in den 80er und 90er Jahren des vergangenen Jahrhunderts unbestritten war, erheblich gelitten. Der Bedeutungsverlust der Triade ist heute unübersehbar. Von einem „Dialog auf gleicher Augenhöhe" kann unter diesen Kontextfaktoren erst gesprochen werden, wenn beide Seiten unterschiedliche Wertigkeiten anerkennen, anstelle des Modellexports Allianzpolitik tritt und dem gewachsenen Gewicht der Länder des Südens, insbesondere ihrer Führungsmächte, dadurch Rechnung getragen wird, dass sie nicht nur als *„rule takers"*, sondern auch als *„rule makers"* anerkannt werden.

- Schließlich sollten auch die Konsequenzen der beschleunigten Globalisierung, der veränderten geopolitischen Landkarte und der intensivierten Süd-Süd-Kooperation für die Außenpolitiken beider Regionen und deren Positionierung im internationalen System sowie die Nord-Süd-Beziehungen Gegenstand des Dialogs sein. Auch die auf beiden Seiten spürbar gewachsene Fragmentierung und das Entwicklungsgefälle müssen für die Kooperationsstrategien Konsequenzen haben. Brasilien ist nicht Paraguay und Deutschland nicht Irland. So ist es nachvollziehbar, dass die Beziehungen zu den aufstrebenden *„new regional powers"* zu ihrer politischen Aufwertung in den biregionalen Beziehungen führte – im Falle Mexikos und Chiles durch Assoziationsabkommen, bei Brasilien durch eine Höherstufung der Beziehungen zur „strategischen Partnerschaft". Dies ist aus geostrategischen Gründen durchaus gerechtfertigt und entspricht dem gewachsenen regionalen und internationalen Gewicht dieser Länder. Umgekehrt ist das Interesse Maltas oder Lettlands – um zwei kleinere EU-Mitglieder beispielhaft zu nennen – an Lateinamerika nachvollziehbar weniger ausgeprägt als das von *„big shots"* wie Deutschland, Frankreich oder Spanien. Die Privilegierung des ein oder anderen lateinamerikanischen Partners durch die EU sollte jedoch andererseits nicht blind machen für die daraus möglicherweise erwachsenden diplomatischen Kosten, zum Beispiel für den Verhandlungsprozess über ein Assoziationsabkommen mit dem *Mercosur*. Die harsche Reaktion Argentiniens – immerhin der zweitwichtigste *Player* im *Mercosur* – auf die Privilegierung Brasiliens durch die EU, einem einseitigen, mit anderen lateinamerikanischen Partnern nicht abgestimmten Schritt, der im Übrigen im Widerspruch steht zu der von der EU hochgehaltenen Block zu Block-Strategie, sollte zu denken geben.

• Ein strukturelles Hindernis für eine den heutigen Zeiten angepasste bi-regionale Kooperationsstrategie ist schließlich dem Umstand geschuldet, dass es sich bei den europäisch-lateinamerikanischen Beziehungen auf der interregionalen Ebene zu erheblichen Teilen um bürokratische Politik handelt. Sie folgt, aller Gleichheits- und Partnerschaftsrhetorik der Politiker zum Trotz, ihren eigenen Gesetzmäßigkeiten. Die Frage des ehemaligen US-Außenministers Kissinger, welches die Telefon-Nummer der EU in Brüssel sei, hat nichts an Aktualität eingebüßt. Bürokratische Organisationen erledigen bekanntlich ihre Aufgaben arbeitsteilig, wobei jede Arbeitseinheit in der Regel akribisch ihren Kompetenzbereich verteidigt, sich gegen andere Einheiten abschottet und ihr Tagesgeschäft zu erheblichen Teilen an innerbürokratischen Kosten-Nutzen-Überlegungen ausrichtet. Mit den Beziehungen zu Lateinamerika sind in der Kommission über ein halbes Dutzend Generaldirektionen (mit einer Fülle an Untereinheiten) befasst, von denen die wichtigsten die Generaldirektionen für Außenbeziehungen, Handel, Entwicklungskooperation, Humanitäre Hilfe und Krisenschutz sowie Forschung und Innovation sind. Neben der Kommission sind der EU-Ministerrat mit der geballten Macht der nationalen Interessen zu nennen und schließlich das Europäische Parlament. Jede dieser Organisationseinheiten folgt ihrer eigenen Logik und betreibt ihre eigene Lateinamerika-Politik; eine Abstimmung erfolgt bestenfalls rudimentär. Der Bereich der Finanzen ist in einer gesonderten Einheit angesiedelt und führt weitgehend ein von den operativen Einheiten (und schon gar von außen) kaum durchschaubares

Eigenleben. Zu der komplexen Makrostruktur gesellt sich als weiteres, der Transparenz und Effektivität der Entscheidungsprozesse zuwider laufendes Phänomen die Personalrekrutierung, bei der auf 27 Mitgliedsländer und entsprechende Proporz-Kriterien Rücksicht zu nehmen ist. Weitere Beitrittskandidaten (Türkei, Kroatien, Serbien u.a.) klopfen an die Tür. Von der EU angesichts dieses Befunds eine einheitliche, von den Mitgliedsländern wie den lateinamerikanischen Partnern zu durchschauende Lateinamerika-Politik zu erwarten, dürfte auch in Zukunft illusorisch sein.

Der Autor

Klaus Bodemer ist Politikwissenschaftlicher und ehemaliger Direktor des Instituts für Iberoamerika-Kunde in Hamburg. Seit 2006 ist forscht er als Senior Fellow am GIGA-Institut für Lateinamerika-Studien in Hamburg. Als Gastdozent lehrte er an mehreren Universitäten, so in Buenos Aires, Rio de Janeiro, Medellín, San José und Barcelona. Die Schwerpunkte seiner Forschung liegen auf den Internationalen Beziehungen Lateinamerikas, den Beziehungen zwischen Lateinamerika und der EU sowie den USA, auf regionaler Integration, Staat und Staatsform, Sicherheitspolitik sowie auf öffentlicher Sicherheit und Ressourcenpolitik. Seine Länderschwerpunkte umfassen insbesondere Argentinien, Uruguay und Venezuela.

Literatur

Ajenjo Fresno, Natalia /Stavridis, Stelios: La Asamblea Parlamentaria EUROLAT: Un modelo de relación entre bloques de integración regional?. Centro Argentino de Estudios Internacinales (CAEI), Programa América Latina, Working Paper Nr. 31, Buenos Aires, 2011.

Bodemer, Klaus: Westeuropas Engagement in Zentralamerika. Politisches Schattenboxen oder Ausdruck einer neuen Qualität im trilateralen Verhältnis Europa-USA-Lateinamerika?, Friedrich-Ebert-Stiftung: Analysen aus der Abteilung Entwicklungsländerforschung 125, Bonn, 1985.

Bodemer, Klaus: Von der Wirtschaftsgemeinschaft zur subregionalen Sicherheitsgemeinschaft? – Eine Zwischenbilanz des Mercosur, in: Friedenwarte. Journal of International Peace and Organization, Bd. 75, Nr. 3-4, S. 331-348, 2000.

Bodemer, Klaus: La estratégia de triangulación entre la Unión Europea, América Latina y Asia. Un nuevo impulso para las relaciones europeo-latinoamericanas?, en: Latitud Sur, Nr. 3, S. 9-26, 2008.

Bodemer, Klaus: Cohesión social, capital social y democracia – percepciones y lecturas de América Latina y Europa en: Andrzej Dembiz (Ed.): América Latina. Interpretaciones a inicios del siglo XXI, CESLA, Estudios y Memorias 41, S. 47-160, Warschau, 2009.

Bodemer, Klaus: „Dezentralisierte Zusammenarbeit". Eine neue Achse in den europäisch-lateinamerikanischen Beziehungen, in: Birle, Peter (Hrsg.): Lateinamerika im Wandel, S. 99-116, Baden-Baden, 2010.

Del Arenal, Celestino: Balance de la asociación estratégica entre la Unión Europea (UE) y los países de América Latina y el Caribe (ALC), in: Fundación Carolina: Foro Euro Latinoamericano de Centros de Análisis. Diálogo UE-ALC. Debate y conclusions, S. 25-55, Madrid, 2010.

Freres, Christian /Sanhuaja, José Antonio. Hacia una nueva estrategia en las relaciones Unión Europea – América Latina, in: Dies. (Koord.): América Latina y la Unión Europea: Estrategias para una asociación necesaria, S. 23-104, Madrid, 2006.

Freres, Christian: Hay lecciones para el diálogo eurolatinoaamericano de otros foros internacionales de participación latinoamericana? Un análisis comparative preliminary, in: Freres, Christian /Gratius, Susanne et.al. (Eds.): Sirve el diálogo político entre la Unión Europea y América Latina?, Fundación Carolina, Documento de Trabajo Nr. 15, S. 89-113, Madrid, 2007.

Gratius, Susanne /Risi, Marcelo: Das zweite europäisch-lateinamerikanische Gipfeltreffen in Madrid. Mucho ruido, pocas nueces?, in: Brennpunkt Lateinamerika, Nr. 10, S. 101-108, Hamburg, 2002.

Maihold, Günther: Nach dem Wiener Gipfel. Europas schwierige Suche nach einem besonderen Verhältnis zu Lateinamerika, Ibero-Analysen H.19, Ibero-Amerikanisches Institut. Stiftung Preußischer Kulturbesitz, Berlin, 2006.

Maihold, Günther: La Cumbre de Lima: un encuentro de la asimetría eurolatinoamericana, Real Instituto Elcano, ARI Nr. 58, Madrid, 2008.

Sanahuja, José Antonio: Regiones en construcción, interregionalismo en revisión. La Unión Europea y el apoyo al regionalismo y la integración latinoamericana, in: Freres, Chrisitian /Gratius, Susanne et.al (Eds.): Sirve el diálogo politico entre la Unión Europea y América Latina?, Fundación Carolina, Documento de Trabajo Nr. 15, S. 1-41, Madrid, 2007.

Van Klaveren, Alberto: Las relaciones políticas europeo-latinoamericanas. La necesidad de una sintonía más fina, in: Nueva Sociedad, Nr. 189, S. 54-68, Caracas, 2004.

Westphal, Kirsten: Biregionalism: Projecting new pattern of governance? EU's relations with Latin America, in: Grabendorff /Wolf /Seidelmann /Reimund (Hrsg.): Relations between the European Union and Latin America: Biregionalism in a changing global system, S. 141-206, Baden-Baden, 2005.

Lateinamerika in Perspektive: Wahrnehmungen in der Öffentlichkeit und Politik
Claudia Zilla

Ein Essay, das die thematischen Schwerpunkte und Argumente wiedergibt, die im Zentrum der Diskussion mit den Teilnehmerinnen und Teilnehmern des Workshops „Die Lateinamerikapolitik der Bundesregierung" standen.

1. Die ewige Wiederentdeckung Lateinamerikas

Lateinamerika wird seit 1492 immer wieder entdeckt. Nicht Amerika insgesamt, denn einen solchen Eindruck bekomme ich nicht in Bezug auf die USA oder Kanada, sondern auf Lateinamerika, also auf jene Region, die sich zwischen *Rio Grande* (USA) bzw. *Rio Bravo del Norte* (Mexiko) und Feuerland (Argentinien/Chile) befindet. Es genügen ein paar Gipfeltreffen, internationale Konferenzen oder Staatsbesuche, die Menschen aus Europa und Lateinamerika zusammenbringen, um in den Medien noch einmal zu lesen oder zu hören, dass dem Subkontinent offensichtlich gewachsene Aufmerksamkeit geschenkt werde, dass er in der Außenpolitik der EU womöglich an Bedeutung gewonnen habe oder, dass die Bundesregierung eine besondere Affinität zu oder ein gesteigertes Interesse an diesem Kulturraum hege. Dabei wird jedoch übersehen, dass viele dieser Events ohne ein strategisches Moment bzw. inhaltliche Implikationen bleiben oder, dass sie mit einer programmierten Regelmäßigkeit stattfinden, die wiederum den Rhythmus der „Wiederentdeckung" Lateinamerikas in der Öffentlichkeit bestimmt.

Und bei diesen Wiederentdeckungen geschieht selten etwas Neues, vielmehr passiert Altes erneut. Wie bereits bei der ersten „Entdeckung" stellt sich beispielsweise die genaue Bestimmung subregionaler Konzepte als Herausforderung dar: Wie verhalten sich die Begriffe Lateinamerika, Südamerika, Karibik, Zentralamerika und Mittelamerika zueinander? Wo sind die Grenzen? Wo ergeben sich Überlappungen? Und wo liegt Mexiko überhaupt? Luis Ernesto Derbez, mexikanischer Außenminister (2003-2006) der Regierung von Vicente Fox (2000-2006), hat einmal im Rahmen einer Berliner Veranstaltung in Anspielung auf die übliche Konfusion ironisch und ehrlich gesagt: „Uns Mexikanern gefällt es nicht, als Zentralamerikaner bezeichnet zu werden; aber wir können es kaum ertragen, wenn man uns Südamerikaner nennt." Auf der Grundlage eines Interviews, das ich einmal zur politischen Krise in Ecuador gab, hat dann eine deutsche Regionalzeitung den entsprechenden Artikel mit den Worten betitelt: „Unruhen in Mittelamerika".

Während einige nach kulturellen, soziopolitischen und geographischen Kriterien suchen, um terminologische Klarheit zu schaffen, erklären andere Lateinamerika für eine nicht mehr existente Entität. Die Heterogenität in der Region habe im letzten Jahrzehnt dermaßen zugenommen und die jeweiligen Regierungen hätten solch divergente politische Kurse eingeschlagen, dass die Rede von „einer" Region, bzw. von „Lateinamerika", nicht mehr angemessen sei. Die relevanten gemeinsamen Merkmale würden fehlen, die es erlauben, von Lateinamerika als homogene Einheit zu sprechen. In einem gewissen Einklang mit dieser Einsicht hat die brasilianische Regierung von Luiz Inácio Lula da Silva (2003-2011) die Bildung und Konsolidierung einer südamerikanischen Identität strategisch befördert, die sich in Abgrenzung zu Zentralamerika und Mexiko konstituiert. Entgegen diesen Bemühungen schauen aber viele Menschen in Europa westwärts, bekommen dann Brasilien in den Blick und meinen, sie würden ganz Lateinamerika betrachten. Dass Brasilien sich nicht mit ganz Lateinamerika identifiziert und auch nicht den Anspruch erhebt, auf internationaler Ebene irgendeine Subregion, sondern nur sich selbst zu vertreten, scheint kein Hindernis für diesen *pars pro toto*-Fehlschluss zu sein. Er wird von vielen externen Beobachterinnen und Beobachtern begangen, die brasilianische Begebenheiten auf Lateinamerika extrapolieren, die Land und Region gleichsetzen.

Lateinamerika scheint zudem ein *perpetuum mobile* zu sein. Denn neben diesen beweglichen regionalen Binnendifferenzierungen und der zyklischen Wiederentdeckung, wird extrem häufig in der europäischen

Politik und Presse auf einen vermeintlich einsetzenden politischen oder wirtschaftlichen Aufschwung im Subkontinent hingewiesen. Die unzähligen und zeitlosen Google-Treffer, welche die Schlagwörter „Lateinamerika + Kontinent + Umbruch" hervorbringen, belegen den noch lebendigen und fast konjunkturunabhängigen Revolutionsmythos, der an Lateinamerika haftet.[1] So wählte das Auswärtige Amt (AA) für seine Lateinamerika- und Karibik-Konferenz vom November 2011 die nicht besonders innovative Überschrift: „Lateinamerika im Wandel"[2]. Neue Dynamiken sind offenbar stets in Gange in diesen Breiten; auch wenn viele nicht vermögen zu sagen, wohin diese Entwicklungen führen oder was überhaupt an ihnen genuin neu ist.

2. Das Mittelfelddasein einer Region

Es kann keine Wiederentdeckung geben, ohne dass das erneut Entdeckte zwischendurch aus den Augen verloren wird. Ersteres setzt notwendigerweise Letzteres voraus sowie eine Perspektive, also einen Akteur mit einem bestimmten Blickwinkel. Von Deutschland bzw. Europa aus betrachtet, führt Lateinamerika ein Mittelfelddasein: Weder die positiven noch die negativen aktuellen Entwicklungen in der Region sind so extrem, als dass eine intensivere Begleitung der Prozesse als nötig erachtet würde. Hinzu kommt die physische Entfernung, die von keiner kulturellen Nähe kompensiert werden kann. Was in Lateinamerika also passiert, ist weder besonders hoffnungsvoll noch besonders problematisch und außerdem spielt es sich weit weg ab.

Lateinamerika ist die demokratischste Region der „Dritten Welt". Mit der Ausnahme Kubas und zunehmend auch Venezuelas können die übrigen Staaten trotz der bestehenden Defizite als Demokratien bezeichnet werden. Dieselben Vergleichswerte gelten für den Rechtsstaat. Weder in Asien noch in Afrika sind Demokratie und Rechtsstaat derart ver-

---

1 Siehe: Werz, Nikolaus (2010).
2 Siehe: Auswärtiges Amt (AA) (2011).

breitet wie in Lateinamerika. Dennoch lassen die Entwicklungen seit der Jahrtausendwende nicht die Schlussfolgerung zu, in der Region befände sich die Verwirklichung beider Ideale auf stetem Konsolidierungskurs. Vielmehr lassen sich hin und wieder in unterschiedlichen Ländern Rückschläge beobachten: Populistisches Regieren, die Monetärisierung des politischen Spiels, die Propagierung einer partizipativen Demokratie, die weniger eine Ergänzung oder Bereicherung für die repräsentative Demokratie als deren Aushöhlung zugunsten des monistischen Willens des Präsidenten darstellt, sind einige der jüngsten entmutigenden Pathologien in einer Reihe von Fällen.

Im Vergleich zu anderen Entwicklungsräumen wie etwa Afrika oder der Nahe und Mittlere Osten ist Lateinamerika eine relativ friedliche Region. Abgesehen vom kolumbianischen Gewaltkonflikt gibt es keine zwischenstaatlichen oder Bürgerkriege. *MINUSTAH* (*United Nations Stabilization Mission in Haiti*) bildet die einzige Friedensmission der UN auf dem Gebiet. Vielmehr ist die durch die (organisierte) Gewaltkriminalität und die gravierenden Defizite der staatlichen Sicherheitsapparate bedingte öffentliche Unsicherheit die größte Herausforderung für den sozialen Frieden. Diese kritische Situation wird durch die ausgeprägte soziale Ungleichheit verschärft. Lateinamerika weist niedrigere Armutsraten als Afrika auf, aber eine viel größere Kluft zwischen den prekären und privilegierten Gesellschaftssektoren. Eine assistenzialistische, auf Finanztransfers basierende Sozialpolitik, die sich weniger um nachhaltige strukturelle Reformen zur Verbesserung der Chancengleichheit bzw. der sozialen Mobilität bemüht und sich eher auf eine (zwar wichtige aber unzureichende) Nothilfe beschränkt, die den Klientelismus fördert, hat in manchen Ländern lediglich zu einer vorübergehenden Abmilderung der Problematik geführt.

Der *commodity boom* verhilft den lateinamerikanischen Staaten zum starken Wirtschaftswachstum. Extrem begünstigt durch den Hunger Asiens nach den lateinamerikanischen Exportprodukten Agrar- und Mineralrohstoffe, weisen die Länder der Region, mit wenigen Ausnahmen wie Venezuela, hohe Wachstumsraten auf. Aber diese sind noch gewaltiger in Asien, eine Region, mit der die Europäische Union (EU) heute engere Handelsbeziehungen hat. Das komparativ niedrige Investitionsniveau in Bildung, Wissenschaft, Technologie und Innovation sowie Infrastruktur legt die Vermutung nahe, Lateinamerika tue heute wenig für morgen. Der Rückenwind aus dem internationalen Handel wird in den seltensten Fällen in eine zukunftsträchtige Energie umgewandelt. Der Präsident Uruguays, José Mujica, der im Oktober auf Staatsbesuch in Deutschland war, sagte bescheiden vor einem Berliner Publikum in Anspielung auf den für Lateinamerika vorteilhaften internationalen Kontext: „Wir sind nicht dafür verantwortlich, dass die Chinesen nun entschieden haben, zu essen." Aber die Regierungen der Region tragen dafür Verantwortung, dass weder die Produktivität noch die Wettbewerbsfähigkeit ihrer Länder sich steigert. Die lateinamerikanischen Volkswirtschaften werden kaum konkurrenzfähiger, sie wappnen sich also nicht gegen potentielle wirtschaftliche Unwetterlagen.

Sei es weil große Hoffnungen die Aufmerksamkeit nach Asien richten, sei es weil gravierende Krisen die Beschäftigung mit dem Nahen und Mittleren Osten bzw. mit Afrika erzwingen, führt Lateinamerika bezogen auf zahlreiche Fragen ein Mittelfelddasein, das zwischen den Extremen untergeht. Es gibt also nicht nur schlechte, sondern auch eine Reihe von guten Gründen, welche die Region in den Hintergrund rücken lassen.

3. Das Lateinamerikakonzept der Bundesregierung

Die Wahrnehmung, dass Lateinamerika im Wandel begriffen sei, wachsende weltweite Bedeutung erlange und seine Beziehungen mit regionalfremden Mächten intensiviere, hat u.a. die deutsche Regierung veranlasst, sich mit Stand und Zukunft seiner Politik zu der Region zu befassen. Als Umsetzung der im Koalitionsvertrag zur 17. Legislaturperiode eingegangenen Verpflichtung hat die Bundesregierung 2010 ein neues

Lateinamerikakonzept beschlossen.³ Das letzte offizielle Strategiepapier für die Region mit ebenso ressortübergreifendem Charakter geht auf das Jahr 1995 unter der Regierung von Helmut Kohl zurück. Das Auswärtige Amt hatte zuletzt im Jahr 2004 ein eigenes Dokument vorgelegt. Im Falle des neuen Papiers behielt das AA die Initiative, es fungierte als Koordinierungsinstanz und Herausgeber. Beteiligt am Entwicklungsprozess des Konzeptes waren jedoch auch weitere Ministerien,⁴ die Einfluss auf den Text nehmen konnten.

Das neue Konzept⁵ ist in fünf Hauptteile gegliedert: 1. Gemeinsame Werte erhalten und stärken; 2. Mit Lateinamerika in globaler Verantwortung handeln; 3. Wirtschaftschancen gemeinsam nutzen; 4. Eine Partnerschaft für die Menschen: gegenseitig voneinander lernen; 5. Aktiv gestalten: deutsche Lateinamerika-Politik in Europa; 6. Ausblick. Bereits an diesen Überschriften macht sich der gemischte Tenor des Textes bemerkbar. Zum einen wird beschrieben, was der aktuelle Stand der Beziehung ist (Deskription des Ist-Zustands). Zum anderen wird aber festgelegt, wie das Verhältnis gestaltet werden wird oder werden sollte (Präskription des Soll-Zustands). Daher ist es nicht eindeutig, was das „Konzept des Konzepts" ist: Soll es überwiegend als Überblick über die aktuellen Aktivitäten dienen? In diesem Sinne sind vor allem die Kästen zu verstehen, in denen konkrete Beispiele von Projekten, vor allem der technischen Zusammenarbeit mit Lateinamerika, präsentiert werden. Andere Passagen wirken jedoch etwas programmatischer, eher als Absichtserklärungen, und beziehen sich entsprechend auf zukünftige Vor-

---

3   Auswärtiges Amt (AA) (2010).
4   Das Konzept hat das AA in Zusammenarbeit mit folgenden Bundesministerien entworfen: des Inneren; der Justiz; der Finanzen; für Wirtschaft und Technologie; für Arbeit und Soziales; für Ernährung, Landwirtschaft und Verbraucherschutz; der Verteidigung; für Familie, Senioren, Frauen und Jugend; für Gesundheit; für Verkehr, Bau und Stadtentwicklung; für Umwelt, Naturschutz und Reaktorsicherheit; für Bildung und Forschung; für wirtschaftliche Zusammenarbeit und Entwicklung.
5   Zu einer kritischen Analyse siehe Maihold, Günther (2010).

haben, die also noch umgesetzt werden sollen. In diese Richtung weisen z. B. die als Aufrufe formulierten Titel.

Wurden Konzeption und Niederschrift des Dokuments als Reflexionsprozess begriffen? Ihm ist aber keine Evaluierung älterer Papiere oder der empirischen deutsch-lateinamerikanischen Beziehungen vorausgegangen. Das neue Konzept war nicht das Produkt einer bewussten und expliziten Bilanz, Auswertung oder Systematisierung bisheriger Erfahrungen. Ebenso unausgesprochen bleibt das konkrete Ziel. Dem Konzept fehlen also das strategische Moment sowie eine Operationalisierung seiner programmatischen Aspekte: Für die Umsetzung dessen, was man sich im Text vornimmt, werden weder Instrumente noch Zeithorizonte angegeben.

Da der programmatische zukunftsorientierte Teil wenig ausgeprägt ist, bleibt das Konzept auch wenig innovativ. Weder in Bezug auf Ziele noch auf Mittel werden neue Ideen entwickelt. Ähnlich wie in den Vorgängerdokumenten wird im neuen Konzept darauf verzichtet, inhaltliche Schwerpunkte und spezifische Akteure strategisch zu kombinieren. In welchen Politikfeldern es sinnvoll für Deutschland wäre, mit welchen Ländern zusammenzuarbeiten, bleibt unbestimmt. Diese ist keine untypische diplomatische Haltung: Aus Rücksicht auf nationale Empfindlichkeiten, der Länder selbst oder der deutschen Botschaften in den Ländern, vermeidet man die Nennung von einzelnen Staaten. Daraus ergibt sich ein sehr allgemeiner Haupttext, der nur durch die sporadische Erwähnungen bestimmter Länder und die Exkurse in den Kästen, die über Getanes berichten, gelegentlich konkretisiert wird. Dem Dokument mangelt es somit an einer thematischen und länderbezogenen bzw. subregionalen strategischen Schwerpunktsetzung. Eine gewisse Ausnahme bildet jedoch Brasilien, das die meisten Nennungen erfährt. Es wurde durch dieses Dokument noch einmal deutlich, dass die Bundesregierung das südamerikanische Riesenland als Hauptpartner in der Region betrachtet. Vor diesem Hintergrund wirkt das übrige Lateinamerika jedoch als Restkategorie.

Es gibt positive Merkmale, die das neue Konzept von älteren vergleichbaren Papieren unterscheidet. Zunächst verdient die Einleitung, die m. E. einen guten Einstig in die Problematisierung der Beziehungen anbietet, eine Würdigung. Bereits hier wird kritisch darauf hingewiesen, was mittlerweile zum Mantra des deutsch-lateinamerikanischen Diskurses geworden ist: das geteilte kulturelle Erbe, die gemeinsame Wertebasis und die historischen Bindungen. Diese Aspekte werden in der Einleitung zwar wie üblich erwähnt. Es wird jedoch zugleich thematisiert, dass eine Reihe von Entwicklungen sie auf den Prüfstand stellt. Die strategische Gestaltung internationaler Beziehungen kann sich nicht in der Feststellung von Gemeinsamkeiten zwischen Ländern oder Regionen ausschöpfen. Diese mögen einen günstigen Ausgangspunkt darstellen. Ein politisches, wirtschaftliches und kulturelles Verhältnis, das für beide Seiten fruchtbar ist, bedarf aber eines interessengeleiteten und an Ziele orientierten Handelns. In diesem Sinne wird im Dokument explizit erkannt, dass die traditionellen Gemeinsamkeiten und Bindungen nicht mehr selbstverständlich oder garantiert sind und dass die deutsche Lateinamerikapolitik aktiver werden sollte. Zu begrüßen ist zudem, dass neben der bilateralen Dimension auch die globale sowie die EU-Ebene berücksichtigt werden. Die Frage der Zusammenarbeit zwischen Deutschland und Lateinamerika mit Bezug auf Themen globaler Ordnungspolitik wird sinnvollerweise nachgegangen. Wichtig erscheint auch die Anerkennung, dass eine deutsche Lateinamerikapolitik auch im europäischen Rahmen erfolgt. Deutschland nimmt sich vor, auf die europäische Lateinamerikapolitik aktiv Einfluss zu nehmen.

Das Dokument setzt sich jedoch nicht mit der Frage auseinander, welche Interessen und Ziele Lateinamerika mit den Beziehungen zu Deutschland verbindet. Das Verhältnis wird von Deutschland aus einseitig bedacht. Und daran ändern auch Formulierungen wie „Augenhöhe" oder „voneinander lernen" nichts, die zwar zunächst eine lobenswerte Absicht signalisieren, aber dann keine entsprechende konkrete Verankerung im Text finden. Vielmehr wird in und zwischen den Zeilen eine Haltung deutlich, die sich schwer damit tut, sich in die Rolle der Partnerländer hineinzuversetzen: Es wird beispielsweise nicht darauf eingegangen, welches die Interessen und Forderungen Lateinamerikas an Deutschland bzw. die EU sind. Mit keinem Wort wird erwähnt, was lateinamerikanische Akteure häufig von der anderen Seite problematisieren (u.a. der Agrarprotektionismus). Lateinamerika wird somit auf eine eher passive Bezugsgröße reduziert, der es an Wirksamkeit zu fehlen scheint. Ein Konzept zur Partnerschaftsbeziehung, welche die Erwartungen des Anderen nicht reflektiert, leidet an einem grundlegenden, konzeptionellen Problem. Dieses ausgeprägte „Bias" kommt beispielsweise bei der Thematisierung der Kulturbeziehungen unzweideutig zum Ausdruck. Diese werden unter Punkt Vier „Eine Partnerschaft für die Menschen: gegenseitig voneinander lernen" behandelt. Was in diesem Titel noch als eine Zweirichtungsstraße dargestellt wird, verengt sich im Text zu einem einseitigen Verständnis: Es geht um die Förderung der deutschen Sprache, Schulen, Kulturgesellschaften, Goethe-Institute und jungen Freiwilligen (durch „Weltwärts" und „Kulturweit") in Lateinamerika. Über die spanische und portugiesische Sprache, über die gewaltige Kulturproduktion Lateinamerikas etc. wird geschwiegen. Kurzum: Der Vorsatz der Partnerschaft und des gegenseitigen Lernens wird operativ auf die deutsche Präsenz in der Region reduziert. Umgekehrt wird das Thema der Migration von Lateinamerika nach Europa im Kapitel Eins unter der Überschrift „Drogen und Organisierte Kriminalität gemeinsam bekämpfen" (S. 18) behandelt. Damit wird eine kriminalisierende Sicht des Phänomens suggeriert, die das Potential der Zirkulation von Humanressourcen völlig verkennt. Gewiss handelt es sich bei diesem Dokument um ein deutsches Konzept zur Lateinamerikapolitik und nicht umgekehrt, so dass die Dominanz des deutschen Blickwinkels zu erwarten ist. Erstaunlich ist aber, dass die lateinamerikanische Perspektive völlig fehlt. Mehr Empathie und ein symmetrischeres Verständnis der Beziehungen wären jedoch berechtigterweise zu erwarten, nachdem dies von den Überschriften und der vielversprechenden Einleitung angekündigt wird.

Die Autorin

Claudia Zilla ist promovierte Politikwissenschaftlerin und wissenschaftliche Mitarbeiterin am Deutschen Institut für Internationale Politik und Sicherheit der Stiftung Wissenschaft und Politik (SWP) in Berlin. Ihre Forschungsfelder umfassen die Außenpolitik lateinamerikanischer Staaten, die Beziehungen zwischen Lateinamerika und Deutschland bzw. Europa, externe Demokratieförderung, Demokratie und Populismus, Biokraftstoffpolitik (v.a. Brasiliens), Politische Systeme und Politische Institutionen, vergleichende Politikwissenschaft sowie Logik und Methoden der qualitativen empirischen Sozialforschung.

Literatur

Auswärtiges Amt (AA): „Lateinamerika im Wandel": Lateinamerika- und Karibik-Konferenz, http://www.auswaertiges-amt.de/DE/Aussenpolitik/RegionaleSchwerpunkte/Lateinamerika/Artikel/111101-LAK-Konferenz-node.html [Zugriff am 15.11.2011], 2011.

Auswärtiges Amt (AA): Deutschland, Lateinamerika und die Karibik: Konzept der Bundesregierung, http://www.auswaertiges-amt.de/cae/servlet/contentblob/367294/publicationFile/93961/LAK-Konzept.pdf;jsessionid=2583286522816FD0E77150C67F020D82 [Zugriff am 11.11.2011], 2010.

Maihold, Günther: Das neue Lateinamerikakonzept der Bundesregierung: Politikinnovation durch Konzeptentwicklung?, Ibero-Analysen, Heft 23, Ibero-Institut Preußischer Kulturbesitz, Berlin, 2010.

Werz, Nikolaus: Revolutionsmythen zu Lateinamerika, in: APuZ 41-42/2010, http://www.bpb.de/publikationen/5EZWCT,0,Revolutionsmythen_zu_Lateinamerika.html [Zugriff am 15.11.2011], 2010.

Relaciones Económicas entre América Latina y la Unión Europea: Los Bloques Comerciales
Juan Antonio Zapata

Introducción

En esta exposición se plantean los desafíos y oportunidades en el marco de las relaciones comerciales entre la Unión Europea y América Latina.

En primer lugar se analizan las tendencias observadas en el comercio internacional donde se destaca la evolución de China y otros BRIC en la participación en el comercio. A continuación se analizan las ventajas y obstáculos al comercio internacional, definiendo los tipos de acuerdos comerciales. Luego se presentan las características de los diversos bloques comerciales en que se han agrupado los países, la Unión Europea y los principales bloques existentes en América Latina.

En la cuarta sección se analizan las características del comercio internacional de América Latina. Es de destacar que en la segunda mitad del siglo XX las regiones siguieron políticas en que el énfasis de Europa era la Política Agraria mientras que en América Latina se enfatizaron las Políticas de Industrialización. Esto planteó varios desacuerdos entre Europa y América Latina los que, a finales del siglo XX y a principios del siglo XXI fueron evolucionando para acercar las posiciones, que si bien hoy no han sido completamente resueltas, la Cumbre de Madrid en el 2010 ha tendido a acercarlas con una serie de acuerdos tendientes a aumentar el comercio, Europa ha variado su Política Agraria Común y en América Latina numerosos países tienen acuerdos de libre comercio. Resta aun resolver una serie de situaciones intra MERCOSUR y encarar finalmente acuerdos entre la Unión Europea y el MERCOSUR. Ambas instituciones son políticamente importantes para un desarrollo armonioso de los países que las integran.

1. Tendencias del Comercio Mundial

El valor de las exportaciones mundiales alcanzó en el año 2009 los 12.300 miles de millones de dólares. La tendencia de las últimas tres décadas muestra que el valor de las exportaciones aumenta a tasa creciente. La globalización y la mayor dependencia entre las naciones del mundo pueden explicar este fenómeno, también el cambio tecnológico y el nuevo rol de las economías emergentes.

Durante los primeros años del siglo XXI, se incrementó la participación del bloque asiático (China e India), de Europa pos-comunista y de América Latina. Actualmente, sólo tres países concentran más de la cuarta parte del valor de las exportaciones y también de las importaciones (China, Alemania y Estados Unidos) (Comellas 2010).

2. Aspectos Teóricos: Procesos de Integración

2.1 Principios económicos de los tratados de libre comercio

En primer lugar se define la integración económica como un modelo por el cual los países participantes eliminan sus barreras comerciales de forma progresiva. De esta manera se incurre en los Tratados de Libre Comercio (TLC), por medio de los cuales dos o más países establecen un acuerdo comercial entre sí, para reducir o eliminar los aranceles sobre bienes entre las partes, y realizar acuerdos para servicios. Pretende favorecer al mercado de bienes y servicios entre los países participantes.

Desde un punto de vista económico los Tratados de Libre Comercio Internacional que favorecen la especialización y el intercambio, estarán aumentando la eficiencia en la asignación de los recursos y la productividad de los factores por la ampliación de mercados y la mayor competencia. De esta forma se superan limitaciones del mercado interno, permiten a las empresas ampliar la escala de producción beneficiándose de las economías de escala, dando mayor estímulo a las empresas para la innovación, modernización y profundización de la división del trabajo.

Por otro lado, desde un punto de vista político, aumenta la influencia del espacio integrado en el contexto político internacional.

2.2 Beneficios y costos de los Tratados de Libre Comercio

Los TLC aumentan el volumen de comercio entre los países miembros y producen una mayor integración, acarreando una mayor producción con costos medios más bajos. Como consecuencia de la mayor competencia y producción se generan nuevos puestos de trabajo en conjunción de la perfección del bienestar de la población.

En contrapartida a los beneficios enumerados, se producen efectos como la desviación del volumen comercial de los países miembros con terceros, posibilidad de generación de cárteles y monopolios, cesión de soberanía para la coordinación de las políticas de cada unidad nacional, y posible agudización de asimetrías entre los países miembros.

2.3 Principales objetivos de un tratado de libre comercio

Como resultado del análisis costo-beneficio de los TLC, en la mayoría de los casos resultan grandes beneficios netos. En definitiva, lo que se pretende lograr con los TLC es eliminar las barreras que afecten al comercio, favorecer la inversión dentro de los países miembros, proteger la propiedad intelectual, estimular la producción nacional y competencia justa.

2.4 Grados de integración

Como todo proceso se debe avanzar por etapas, de manera gradual, cada vez más profundas y diversas; de allí la necesidad de la progresividad y la convergencia del proceso. Para un mejor aprovechamiento de las ventajas competitivas, se deben implementar esquemas compensatorios a los grupos afectados y tener en cuenta la armonización de las políticas económicas.

Si bien no existe una clasificación exclusiva de los grados de integración, utilizamos un ordenamiento generalizado, para poder identificarlos según las características distintivas de cada nivel de integración.

- Preferencia Arancelaria:
  Constituyen el primer paso para incentivar el intercambio comercial entre un grupo de países. Consisten en otorgar un trato diferencial respecto de terceros a través de reducciones tarifarias al comercio. La clave está dada por el hecho de que la reducción es parcial en cuanto al universo de bienes.
- Zona de Libre Comercio:
  La reducción arancelaria se generaliza a todos los bienes hasta alcanzar el libre comercio intra zona. Cada uno de los socios mantiene los propios aranceles frente a terceros países. Para evitar problemas de "triangulación" de mercaderías, debe exigirse un documento denominado "Certificado de Origen".
- Unión Aduanera:
  Se alcanza cuando el libre comercio intrazona se le adiciona la unificación de la política comercial, básicamente los aranceles hacia terceros en un Arancel Externo Común (AEC).
- Mercado Común:
  En todos los casos anteriores, el proceso de integración sólo afecta de manera directa a los bienes transables (bienes internacionalmente comercializables). Sin embargo, si a la libre circulación de bienes y servicios se le suma la libertad de movimiento de los factores productivos (capital y trabajo) se instaura un Mercado Común (movilidad de recursos no transables).
- Comunidad Económica:
  Cuando al estado anterior se le agrega una moneda única para todos los países miembros, coordinación de políticas macroeconómicas, y legislaciones, se está frente a una Unión o Comunidad Económica.

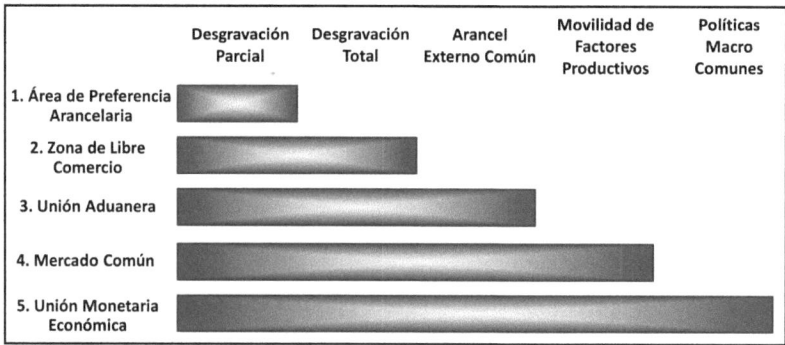

Fuente: Elaboración propia

La evidencia empírica muestra que, hasta el momento, sólo la Unión Europea ha logrado alcanzar la última modalidad de manera exitosa.

3. Bloques Comerciales

Los Acuerdos Comerciales Regionales (ACR), han tomado una notable participación en el sistema multilateral de comercio. Según la Organización Mundial del Comercio (OMC), la cantidad de acuerdos de este tipo asciende constantemente desde el año 1990. Hasta Agosto de 2010 se han notificado unos 474 ACR al GATT/OMC. De los cuales cerca del 90% son tratados de libre comercio y acuerdos de alcance parcial, mientras que el 10% restante corresponde a uniones aduaneras.

En esta sección se desarrollarán los bloques comerciales más significativos y todavía vigentes, identificando las principales características, objetivos, antecedentes y perspectivas futuras para cada caso.

3.1 Unión Europea (UE)

Conformada por 27 países miembros: Alemania, Austria, Bélgica, Bulgaria, Chipre, Dinamarca, Eslovaquia, Eslovenia, España, Estonia, Finlandia, Francia, Grecia, Hungría, Irlanda, Italia, Letonia, Lituania,

Luxemburgo, Malta, Países Bajos, Polonia, Portugal, Reino Unido, República Checa, Rumania y Suecia. Tiene una superficie total de 4,3 millones de km^2, población de 501 millones de habitantes, densidad de 119 habitantes/km^2, un PIB nominal de 18 billones de dólares y un PIB per cápita de 37.194 dólares.

La UE se caracteriza por tener bandera propia, moneda común y un Banco Central (aunque la moneda común ha sido adoptada solamente por 17 de los 27 miembros) y un parlamento unificado. Para poder mantener en armonía el funcionamiento de estas instituciones, los países miembros deben cumplir con ciertos criterios de convergencia:

- Tasa de inflación: no debe ser mayor a 1,5 pp del promedio de los tres estados con menor índice.
- Tasa de interés: no debe ser mayor a 2 pp del promedio de los tres estados con menor índice.
- Déficit público: no debe ser mayor al 3% del PIB.
- Deuda pública: no debe ser mayor al 60% del PIB.

La misión de la Unión Europea comprende ofrecer paz, prosperidad y estabilidad a sus ciudadanos, superar las divisiones en el continente, velar por la seguridad de sus ciudadanos, promover un desarrollo económico y social equilibrado, hacer frente a los retos de la globalización y preservar la diversidad de los pueblos de Europa, defender los valores compartidos por los europeos, como el desarrollo sostenible y el cuidado del medio ambiente, el respeto de los derechos humanos y la economía de mercado social.

3.2 Mercado Común del Sur (MERCOSUR)

Creado en 1991 a través del Tratado de Asunción, el Mercado Común del Sur (MERCOSUR) está integrado actualmente por Argentina, Brasil, Paraguay (actualmente (julio de 2012) suspendido por violación al acuerdo democrático) y Uruguay - Venezuela se incorpora a partir del 31 de julio de 2012.

Tiene una superficie total de 11,8 millones de km^2, población de 278 millones de habitantes, densidad de 20 habitantes/km^2, un PIB nominal de 2,7 billones de dólares y un PIB per cápita de 10.530 dólares.

Bolivia, Chile, Colombia, Ecuador y Perú, a pesar de que todavía no son miembros plenos del Mercosur, tienen firmados sendos Acuerdos de Libre Comercio y son considerados países asociados.

Los objetivos del MERCOSUR son:

1. Creación de una Zona de Libre Comercio.
2. La fijación de un Arancel Externo Común.
3. La armonización de las políticas macroeconómicas.
4. La armonización de las legislaciones.

Estos objetivos del proceso de integración no se han logrado en la práctica. El proceso se detuvo en una etapa previa a la de integración, habiendo alcanzado a constituirse como Unión Aduanera Imperfecta (con nomenclatura y aranceles de importación extra-zona comunes). Esto se debe a varias circunstancias:

- La liberalización del comercio intrazona en el Mercosur aún no es plena (por ejemplo, los sectores azucarero y automotor están exceptuados del arancel cero intrazona).
- Si bien existe un arancel externo común para muchas mercaderías, hay numerosas excepciones al mismo, y los Estados partes tienen la facultad de confeccionar una lista en la que se indican qué bienes quedan exceptuados de dicho arancel, pudiendo modificarla semestralmente.
- En el Mercosur no existe una concreta coordinación de las políticas comerciales entre los Estados partes (el 3 de agosto de 2010 se logró un gran paso al aprobarse un código aduanero por parte de todos los miembros plenos).
- En el Mercosur no se ha logrado la libre circulación de capitales, servicios o personas.

Un importante desafío pendiente para el MERCOSUR es avanzar con mayor rapidez en el objetivo de eliminar las restricciones no arancelarias al comercio intrazonal, entre las que figuran de manera prominente las licencias no automáticas de importación (Tratado de Asunción 1991). Los avances que se produzcan en las negociaciones recientemente reanudadas con la Unión Europea pueden constituir un catalizador para progresar en la remoción de estos obstáculos.

Otro reto es dar un mayor uso a los mecanismos que prevé el propio MERCOSUR para resolver las controversias comerciales que surjan entre sus miembros. En esos casos, suelen primar las acciones unilaterales, discutidas a posteriori con el socio afectado.

Un tercer desafío es mejorar los niveles aún bajos de incorporación de la normativa emanada de las instancias decisorias del MERCOSUR en el ordenamiento normativo de sus Estados Partes. Se estima que el porcentaje de no internalización de dichas normas excede el 50%.

3.3 Comunidad Andina de Naciones (CAN)

La Comunidad Andina de Naciones está compuesta de Bolivia, Colombia, Ecuador y Perú. Tiene una superficie total de 3,7 millones de km^2, población de 99,5 millones de habitantes, densidad de 26 habitantes/km^2, un PIB nominal de 0,652 billones de dólares y un PIB per cápita de 2.812 dólares. Países asociados son Argentina, Brasil, Chile, Paraguay y Uruguay.

Es una zona de libre comercio. Sus mercaderías circulan libremente en la subregión, sin pagar aranceles, en tanto las importaciones procedentes de fuera de la subregión pagan un Arancel Externo Común. Desde 2003, existe el libre tránsito de personas. Los ciudadanos de los países miembros pueden ingresar sin pasaporte a cualquiera de ellos, con la sola presentación de su documento de identidad.

Los países miembros de la CAN tienen un objetivo común: alcanzar un desarrollo integral, más equilibrado y autónomo, mediante la integración andina, sudamericana y latinoamericana.

- El Caso de Chile:
  Chile es el país del mundo con el mayor número de tratados de libre comercio, firmados con áreas económicas que representan cerca del 90% de la población mundial (entre otros con NAFTA, Unión Europea, Corea del Sur, China) que le da acceso preferencial a casi la totalidad del mercado mundial de bienes y servicios. Como resultado es una de las economías más globalizadas y competitivas del planeta, gracias a una política consensuada en torno a ésta materia durante más de 25 años.

- El Caso de Perú:
  Hasta el 2005, Perú solo tenía acuerdos comerciales con la CAN y el Mercosur, los cuales se limitaban al intercambio de bienes. Actualmente, Abril 2011, son 13 los TLC negociados, nueve vigentes y cuatro con negociaciones cerradas. De esta forma, mientras en 2005 las exportaciones totales peruanas sumaban US$17 mil millones, al cierre de 2010 se duplicaron y llegaron a US$35 mil millones.

3.4 North American Free Trade Agreement (NAFTA)

En 1992, Estados Unidos, Canadá y México firman el tratado del NAFTA, que entra en vigor el 1 de Enero de 1994. Es una Zona de Libre comercio. El TLC prevé la eliminación de todos los aranceles sobre los bienes que sean originarios de México, Canadá y EEUU, en el transcurso de un periodo de transición (necesidad de certificación de origen).

Tiene una superficie total de 21,7 millones de km^2, población de 455 millones de habitantes, densidad de 20,9 habitantes/km^2, un PIB nominal de 16,6 billones de dólares y un PIB per cápita de 36.415 dólares.

Conflictos: Grandes asimetrías entre los países integrantes del bloque (valor de la mano de obra, industrialización).

País	Población (millones)	PIB nominal (millones de US$)	PIB per cápita (US$/año)	Analfabetismo (%)
Canadá	34,1	1.492.550	43.738	1,0 %
EEUU	308,7	14.204.302	46.715	1,0 %
México	112,3	1,075.902	8.143	1,9 %

Fuente: Elaboración propia

A diferencia de otros tratados o convenios similares (como el de la Unión Europea), no determina organismos centrales de coordinación política o social. Existe sólo una secretaría para administrar, y tres secciones: la sección canadiense, en Ottawa; la sección mexicana, en la Ciudad de México, y la sección estadounidense, en Washington DC.

Los objetivos del NAFTA son eliminar obstáculos al comercio y facilitar la circulación transfronteriza de bienes y de servicios entre los territorios de las partes, promover condiciones de competencia leal en la zona de libre comercio, aumentar sustancialmente las oportunidades de inversión en los territorios de las partes, proteger y hacer valer, de manera adecuada y efectiva, los derechos de propiedad intelectual en territorio de cada una de las partes, crear procedimientos eficaces para la aplicación y cumplimiento de este tratado, para su administración conjunta y para la solución de controversias, y establecer lineamientos para la ulterior cooperación trilateral, regional y multilateral encaminada a ampliar y mejorar los beneficios de este tratado (BID - INTAL 2011).

Desde el 1 de Enero 1994 que se inició el NAFTA, el comercio de mercancías entre los socios del TLCAN se ha más que triplicado, y el tamaño de la economía de América del Norte se ha más que duplicado.

México se ha convertido en uno de los mayores receptores de inversión extranjera directa entre las economías emergentes, al recibir más de US$156 mil millones procedentes de los países socios del TLCAN de 1993 a 2008.

Los niveles de empleo de América del Norte han aumentado casi 23% desde 1993, lo cual representa la creación de 39.7 millones de puestos de trabajo.

En 2008, la inversión extranjera directa que Canadá y Estados Unidos recibieron de la región del TLCAN alcanzó los US$ 469.800 millones.

3.5 Mercado Común Centroamericano (MCCA)

Tiene como países miembros a Guatemala, El Salvador, Honduras, Nicaragua y Costa Rica. El MCCA se rige por el Tratado de Managua (1960) y sus protocolos modificatorios. Su población representa un 6,5% y su territorio un 2,1% del total de América Latina. Su Producto Interno Bruto es un 2,2% del de la región. Tiene una superficie total de 0,423 millones de km^2, una población de 37,4 millones de habitantes y densidad de 88,5 habitantes/km^2.

Existe libre comercio entre todos los países (armonizado hasta un 96% del total de productos). Para la solución de controversias se cuenta con un cuerpo arbitral compuesto por un representante de cada país miembro.

Los principales objetivos son establecer entre los Estados contratantes un mercado común, perfeccionado en un plazo máximo de cinco años a partir de la fecha de entrada en vigencia de este tratado y constituir una unión aduanera entre sus territorios (CEPAL 2010a). Las Partes se comprometen a perfeccionar una zona centroamericana de libre comercio, en un plazo de cinco años y adoptar un arancel centroamericano uniforme en los términos del Convenio Centroamericano sobre equiparación de gravámenes a la importación.

El MCCA no consiguió realizar plenamente sus objetivos por múltiples razones durante más de dos décadas. Entre esas razones están:

- La escasez de recursos y de oportunidades de expansión del mercado regional.

- Escasa vinculación entre países respecto de la infraestructura limítrofe.
- Inestabilidad política en algunos de los miembros del MCCA, entre otras.
- La falta de preparación de Recursos Humanos, áreas técnicas, para universitarios en toda Centroamérica.
- No se ha logrado consenso alrededor del tema de la movilidad laboral y de la coordinación en materia de legislación laboral.

3.6 Caribbean Community (CARICOM)

Actualmente, los miembros plenos del CARICOM son Antigua y Barbuda, Mancomunidad de las Bahamas, Barbados, Belice, Mancomunidad de Dominica, Granada, República Cooperativa de Guyana, República de Haití, Jamaica, Federación de San Cristóbal y Nieves, Santa Lucía, San Vicente y las Granadinas, República de Surinam, República de Trinidad y Tobago y Montserrat (Dependencia del Reino Unido). Tiene una superficie total de 0,427 millones de km^2, una población de 14,6 millones de habitantes, una densidad de 34 habitantes/km^2, un PIB nominal de 0,064 billones de dólares y un PIB per cápita de 4.388 dólares. Los miembros asociados son Anguila, Bermudas, Islas Caimán, Islas Turcas y Caicos e Islas Vírgenes Británicas.

Los máximos órganos de gobierno son la Conferencia de Jefes de Estado y el Consejo de Ministros.

El objetivo principal es la integración económica de los Estados miembros a través del establecimiento de un régimen de mercado común, además de la coordinación de las políticas exteriores de los Estados miembros y la promoción de la cooperación en los ámbitos educativos, culturales e industriales.

4. Datos Comercio América Latina

4.1 Principales países exportadores de Latinoamérica

Todos los países de América Latina y el Caribe, aportan apenas el 5,5% del valor de las exportaciones mundiales. Alrededor de las ¾ partes (75%) del valor de las exportaciones de América Latina y el Caribe, es generado sólo por cuatro países: México, Brasil, Venezuela y Argentina. El peso relativo individual de los demás países en extremadamente bajo. Chile, Costa Rica y México poseen la mayor proporción 'Exportaciones/PIB' (Comellas 2010).

4.2 Comercio América Latina- Unión Europea

El 6% del comercio internacional de la UE es con América Latina, la mitad de ese comercio es con el MERCOSUR.

Casi el 80% de las exportaciones de UE hacia América Latina son manufacturas, de las cuales la mitad son maquinarias y equipos de transporte. Una situación similar representa MERCOSUR en la UE. Alrededor del 70% de las importaciones de UE provenientes de América Latina son productos primarios, similar situación se da respecto al MERCOSUR. En el caso del MERCOSUR predominan los productos agropecuarios, mientras que en el resto de AL adquieren importancia los productos de la minería.

El principal socio comercial de América Latina es Estados Unidos, mientras que la UE ocupa el segundo lugar. En el MERCOSUR la situación es inversa (Comellas (2011).

Comercio UE con principales socios comerciales (2010)

Partner regions	EU Imports from ...		EU Exports to ...	
	Mio euro	%	Mio euro	%
BRIC	502,017.0	33.7%	290,121.8	21.5%
NAFTA	202,454.4	13.6%	265,775.6	19.7%

Partner regions	EU Imports from		EU Exports to	
	Mio euro	%	Mio euro	%
CIS	195,902.3	13.1%	149,926.9	11.1%
EFTA	166,840.3	11.2%	123,770.8	9.2%
Latin American Countries	90,969.4	6.1%	86,568.1	6.4%
ASEAN	86,116.0	5.8%	80,683.6	6.0%
ACP	64,722.6	4.3%	73,899.9	5.5%
MEDA (excl EU and Turkey)	60,298.8	4.0%	68,582.7	5.1%
Candidate Countries	48,514.0	3.3%	60,576.6	4.5%
Mercosur	43,922.9	2.9%	40,113.5	3.0%
Andean Community	12,164.3	0.8%	7,895.1	0.6%
CACM	7,570.5	0.5%	4,505.5	0.3%

Fuente: EUROSTAT (2010)

4.3 Exportaciones Mundiales: El Rol de los BRIC en el Comercio

Uno de los rasgos más destacados de la economía mundial en la primera década del siglo XXI es la presencia consolidada de varias economías en desarrollo entre las figuras relevantes del escenario internacional. Lo más interesante, sin duda, ha sido el surgimiento de China como un actor global, sin embargo, también Brasil, Rusia e India han alcanzado un elevado ritmo de crecimiento.

La tesis BRIC, reconoce que Brasil, Rusia, India y China han cambiado sus sistemas políticos y económicos para armonizarlos al capitalismo global. Esta postura predice que, en 2050, China e India serán los proveedores globales de tecnología y servicios, mientras que Brasil y Rusia llegarán a ser dominantes como proveedores de materias primas, aunque los dos últimos ya empezaron también a aumentar sus parques industriales.

En su conjunto los países BRIC ocupan el 22% de la superficie terrestre, representan el 27% del PIB del planeta y vive en ellos el 41,6% de la población. En términos económicos se estima que China sobrepasará el PIB de Estados Unidos para 2050. China se convirtió en la segunda economía del planeta, desplazando del sitio a Japón (Comellas 2010).

4.4 Latinoamérica: Principales Mensajes

Importantes factores externos condujeron a un período de alto crecimiento y relativa estabilidad en las economías latinoamericanas: fuerte incremento del PIB mundial, bajas tasas de inflación mundial, bajas tasas de interés internacional y una fuerte mejora en los términos del intercambio impulsaron fuertemente el comercio exterior latinoamericano. En la última década, el nivel de actividad de Latinoamérica fue de alrededor del 6% (crecimiento del PIB), la tasa de inflación experimentó una notable reducción (desde comienzos de la década del 90 hasta 2007), el balance fiscal fue superavitario (alrededor de 2% del PIB en promedio) y la deuda pública como proporción del PIB se redujo, en promedio, a un 35%.

Los precios relativos de los productos agrícolas en relación a los industriales comenzaron a incrementarse, contradiciendo la visión estructuralista y neodesarrollista desarrollada en la Comisión Económica para America Latina (CEPAL) por Raúl Prebisch en los años 50.

5. Análisis Unión Europea – América Latina

Las últimas cinco décadas del siglo XX hubo una reversión de roles de las ventajas competitivas de Europa y Latinoamérica en industria y agricultura. En el sector agrícola con una política europea de subsidios a la producción agrícola y en el sector industrial con una protección de la industria en América Latina. Es importante notar que durante el siglo XXI se ha evolucionado en ambos continentes una nueva visión de la política agrícola e industrial.

5.1 Política Agrícola Común (PAC)

La PAC surge en el año 1957 en UE, mediante la suscripción del Tratado de Roma, el objetivo fue fomentar la mejora de la productividad agropecuaria para un suministro estable de alimentos a precios asequibles y mantenimiento de asentamientos rurales. La PAC en sus inicios otorgaba subvenciones a los productores, asociadas a la producción.

En los años 80, la UE alcanzó la autosuficiencia con excedentes estructurales de productos agrícolas. Se exportaron algunos excedentes con subvenciones y el remanente se almacenó o eliminó. Esta protección externa de la competencia de los productos importados (aranceles ad valorem más prelievos), junto con un sistema de cuotas que estabilizaron los ingresos y precios internos a costa de provocar desequilibrios al mercado internacional. Exportaciones a la UE hizo difícil el acceso a mercados para terceros países productores. Este conjunto de medidas garantizó precios elevados para la producción agropecuaria europea e incentivos para el aumento de la producción.

La PAC generó un altísimo costo presupuestario para la UE, convirtiéndose en impopular para los contribuyentes. Esta situación llevó a políticas agrícolas más amigables con los mercados y menos distorsivas de la asignación de los recursos. La reforma de MacSharry (1992) redujo los precios de intervención, límites en la producción que disminuyó excedentes estructurales, considerando el medio ambiente y fomentando un desarrollo sostenible del sector agropecuario.

Agenda 2000 volvió a reducir los precios de intervención. Se implementó una política de desarrollo rural, ayuda a los agricultores a reestructurar sus explotaciones, diversificar su producción y mejorar la comercialización de sus productos. Se fijó un límite máximo al presupuesto para tranquilizar a los contribuyentes.

En 2003 hubo otra nueva reforma fundamental: Transformación del subsidio hacia un pago único desacoplado de la producción (SFP: Single

Farm Payment), es decir, ayudas directas a la renta (subsidio de monto fijo), sujeto a condiciones medioambientales.

La PAC 2008 se orientó a profundizar el cambio efectuado con la introducción del SFP, promover la progresiva eliminación de las ayudas directas acopladas remanentes (flexibilidades otorgadas a los Estados Miembros), reducir los mecanismos de intervención en los mercados, y promover un escenario futuro de una agricultura sustentable y competitiva.

De abril a junio 2010 hubo una consulta pública en cuanto a la PAC. En noviembre de 2010, la Comisión presentó un plan para la PAC a partir de 2013. La Comisión presentó propuestas legislativas a mediados de 2011. Según estos, los objetivos de la futura PAC son la producción de alimentos viable, la gestión sostenible de los recursos naturales y la acción climática, tanto como el desarrollo territorial equilibrado.

5.2 Efectos de la PAC del siglo XX sobre América Latina

Para los exportadores latinoamericanos, los efectos del inicio de la PAC de los años 50 fueron de dos tipos:

- Sustitución de las materias primas y alimentos que se importaban por la producción interna comunitaria. Para América Latina, importante proveedor de estos productos en el pasado, la UE pasó a ser un mercado protegido.
- La creciente participación competitiva de la Comunidad Europea en el comercio internacional de los mismos productos agropecuarios deprimió los precios agrícolas en terceros países, por lo tanto afectando a los productores de esos productos en América Latina.

La fuerte dependencia de estas exportaciones por parte de los países latinoamericanos planteó conflictos en la relación comercial mutua.

5.3 Política Industrial en América Latina – Contrapartida de la PAC

En América Latina se enfatizaron políticas de industrialización por sustitución de importaciones en 1950-1960. Este modelo fue utilizado hasta la década de los 80. Consistía en la intervención directa e indirecta del gobierno (incentivos fiscales, crediticios, y protección comercial) como mecanismo indispensable para lograr el desarrollo industrial.

Se justificaba por las debilidades estructurales de estas economías, como eran la concentración de las exportaciones en productos de origen primario, la evolución desfavorable en los términos de intercambio, los mercados internos incipientes, fragmentados y reducidos y la escasez de capital, mano de obra calificada y debilidad empresarial.

Este modelo les permitió entrar en un proceso de industrialización que duró alrededor de tres décadas, y fue remplazado por el modelo de apertura comercial, el cual hoy se aplica de manera generalizada en toda América Latina.

5.4 Neodesarrollismo Latinoamericano

La Doctrina de Raúl Prebisch postula un deterioro continuo de la relación real de intercambio de las economías primarias, basado en que la demanda de productos manufacturados crece mucho más deprisa que la de las materias primas. Para revertir esta tendencia, se ideó la industrialización por sustitución de importaciones (fines de la década del 40, penetró el pensamiento del desarrollo económico de los años 50 y 60 – Teoría de la Dependencia).

Los productos primarios tienen una elasticidad demanda-ingreso inferior a los industriales. A medida que se incrementa la renta del consumidor, se reduce la proporción destinada a la compra de alimentos pero aumenta la demanda de artículos industriales. El aumento de la riqueza en los países avanzados sólo impacta débilmente sobre la demanda de bienes primarios (y, por lo tanto, no presiona sobre sus precios). El progreso técnico, con efectos distintos en los rubros primarios e industriales. En la industria, los avances de productividad se tradujeron en mejoras de salarios en las naciones avanzadas. En los sectores primarios, la incorporación de tecnología se reflejó en una mayor eficiencia y una baja de los precios internacionales.

La doctrina recomienda la implementación de una política proteccionista de industrialización por sustitución de importaciones. A través del desarrollo de la industria, América Latina podría quedar a salvo del deterioro de los términos del intercambio. Por lo tanto, según Raúl Prebisch, el avance técnico genera un excedente que queda en mano de los países industriales quienes dedican buena parte a gastos de consumo. Entonces, se produce un retraso en la inversión que impide volver a generar los puestos de trabajo destruidos por el avance tecnológico. Para Prebisch, este proceso es fatalmente necesario y su corrección supone la intervención del Estado.

La visión estructuralista y neodesarrollista asume aquella vieja idea de que Latinoamérica y los países periféricos no tendrían futuro si basaban su crecimiento en las materias primas.

Las enseñanzas de la Cepal de Raúl Prebisch y Celso Furtado indicaban que el precio relativo clave de la economía (los precios agrícolas en relación a los industriales) era bajo (se necesitaban muchas toneladas de trigo para comprar un auto) pero lo más grave era que se iban a ir deteriorando a lo largo del tiempo, o sea, que cada vez iban a ser necesarias más cantidades de productos agrícolas por unidad de manufacturados.

En los últimos años este patrón ha cambiado. Las economías en desarrollo vienen sosteniendo notables tasas de crecimiento y explican el 70-80% del crecimiento del PIB mundial. La incorporación de millones de personas al mercado laboral ha aumentado la demanda de alimentos y energía (con mayores requerimientos de ésta por unidad de PIB que los desarrollados) por encima del crecimiento de la oferta, lo que ha elevado los precios de los bienes agrícolas en relación a los industriales.

Es interesante observar la evolución de precios relativos, hoy se compra un automóvil con la tercera parte de las toneladas de granos que hacían falta hace veinte años.

6. Relaciones Comerciales Unión Europea – América Latina

6.1 América Latina y el Caribe – Socios extra regionales

En el 2009 y 2010, un gran número de países de la región ha continuado participando en negociaciones comerciales con socios extra regionales, en el marco de sus respectivos esquemas subregionales o de manera individual. Esta situación se ha visto favorecida por los muy escasos avances registrados en la Ronda de Doha, así como por el virtual estancamiento de los proyectos más ambiciosos de integración comercial en la región.

La intensa actividad negociadora observada en el año 2010 en el frente extra regional representa la continuidad de un proceso iniciado por Chile y México en los años noventa y al que se sumó Perú y otros países de la región en la primera década del presente siglo. De esta manera, se ha ido formando una vasta red de acuerdos de distinta naturaleza que vinculan a la región tanto con sus mercados extra regionales tradicionales (los Estados Unidos y la Unión Europea) como, de manera creciente, con la región de Asia y el Pacífico.

La Unión Europea y América Latina vienen disfrutando de una Asociación Estratégica desde la primera Cumbre Birregional celebrada en Río de Janeiro (Brasil) en 1999. Las dos regiones son aliadas naturales en razón de sus fuertes lazos históricos, culturales y económicos y mantienen una estrecha cooperación internacional y un fluido diálogo político a todos los niveles: regional, subregional y cada vez más a nivel bilateral (CEPAL 2010a).

Algunos temas que sobresalen en el diálogo birregional son: intensificar el diálogo macroeconómico y financiero; medio ambiente, cambio climático y energía; ciencia, investigación y tecnología; migración y, finalmente, empleo y asuntos sociales.

La UE es el mayor inversor en la región y el segundo socio comercial de América Latina. Los dirigentes de la UE, América Latina y el Caribe (ALC) celebran una reunión en la Cumbre cada dos años. Los años que no hay Cumbre UE-ALC se celebran reuniones de nivel ministerial entre la UE y el Grupo de Río. La última Cumbre ministerial fue en Praga en 2009.

6.2 Cumbre de Madrid, Mayo 2010

Entre las negociaciones comerciales de la Cumbre de Madrid se destacan las siguientes:

- La firma del acuerdo de asociación y libre comercio entre la UE y Mercado Común Centroamericano (MCCA: Costa Rica, Honduras, Guatemala, El Salvador y Nicaragua) más Panamá.
- Firma de acuerdo de asociación y libre comercio entre la UE, Perú y Colombia.

Se han reanudado las negociaciones con el bloque Mercosur.

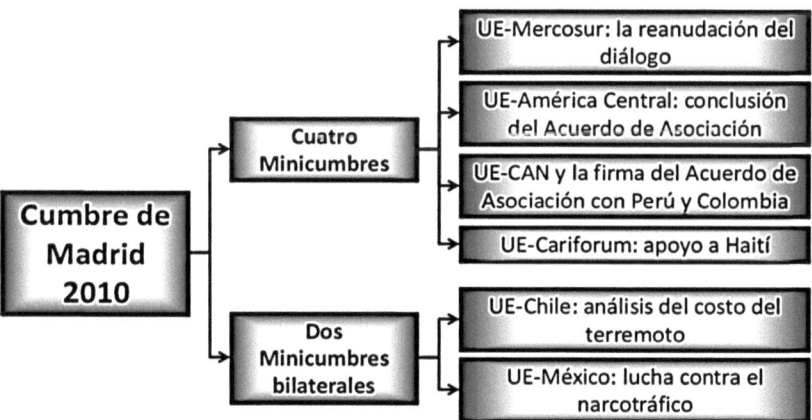

Fuente: Elaboración propia

6.3 Minicumbres de Madrid, Mayo 2010

Uno de los resultados más visibles de la Cumbre UE-América Latina fue el mencionado relanzamiento de las negociaciones comerciales entre la Unión Europea y el Mercosur, bloqueadas desde 2004.

A pesar de la oposición de algunos miembros de la UE los diálogos fueron reiniciados puesto que una gran mayoría de los países europeos querían negociar. Esta decisión se conocía desde abril 2010, y entre las razones citadas para reanudar las negociaciones estaba el fracaso de la ronda de Doha de la Organización Mundial del Comercio.

Antecedentes Negociaciones Comerciales Mercosur – UE:

- Diciembre 1995: Primer Acuerdo Marco de Cooperación Interregional entre el Mercosur y la Unión Europea abarca los ámbitos de cooperación económica y comercial.
- Octubre 2004: Reconocimiento del fracaso de negociaciones biregional Mercosur-UE luego de 16 reuniones.

El nudo del desacuerdo 2004 fue que el Mercosur consideró insuficientes las concesiones en materia agrícola de la UE y ésta no estuvo satisfecha con las concesiones en materia de productos manufacturados, servicios y compras gubernamentales del Mercosur.

A lo largo de las negociaciones se plantearon objetivos amplios con un importante nivel de ambición. Abarcaba no solo el comercio de bienes, sino también el comercio de servicios, compras gubernamentales, inversiones, propiedad intelectual, políticas de competencia, políticas de defensa comercial y solución de controversias.

Recién a partir del año 2009 los representantes oficiales del Mercosur y de la Comisión Europea reiniciaron conversaciones a efectos de evaluar el estado de la negociación del capítulo comercial entre ambos bloques.

En la Cumbre Unión Europea/América Central se celebró la conclusión del Acuerdo de Asociación. Después de varios intentos fallidos, la negociación del Acuerdo de Asociación entre la Unión Europea y los países de América Central fue finalmente cerrada el 19 de mayo de 2010, el acuerdo fue considerado como "el primer Tratado de Libre Comercio entre los dos bloques de países". Las áreas de conflicto fueron las denominaciones de origen, el comercio bananero, la carne, la regla de origen para aluminio, los textiles, y sobre todo la cuota de productos lácteos europeos. Los negociadores se pusieron de acuerdo sobre una versión final del documento.

El 19 de mayo de 2010, la Unión Europea también concluyó otro Acuerdo de Asociación, con Perú y con Colombia, al margen de la Comunidad Andina. Se discutieron temas como la lucha contra el narcotráfico y la preparación de la cumbre contra el cambio climático en México a finales de año.

En el Acuerdo de Asociación con Colombia y Perú, así como en el Acuerdo firmado con Centroamérica, uno de los principales obstáculos fue la cuota de productos lácteos. En Colombia también surgieron las críticas y protestas.

La cuarta mini-cumbre subregional tuvo lugar el 17 de mayo de 2010. La Cumbre UE-Cariforum reunió a las principales autoridades de la Unión Europea y a los jefes de Estado y Gobierno del Foro del Caribe.

En esta cumbre se trató de encontrar una definición conjunta de una nueva estrategia de asociación, así como la discusión de soluciones regionales frente al cambio climático y los desastres naturales. Se acordó igualmente respaldar el Plan de Acción del Gobierno Haitiano para la Recuperación y el Desarrollo Nacional, establecido en marzo de 2010.

Aparte de las Cumbres con bloques comerciales, la UE sostuvo reuniones con los dos países con los que ya se tiene un Acuerdo de Asociación / Tratado de Libre Comercio desde hace el inicio de los años 2000 – Chile y México.

El presidente Sebastián Piñera se reunió el 17 de mayo de 2010 con los principales representantes de la Unión Europea. Hubo dos objetivos principales para este encuentro: analizar el costo del terremoto de finales de febrero y profundizar las relaciones comerciales. Otros temas debates giraron en torno al fenómeno del cambio climático y del respeto de los derechos humanos, así como la crisis financiera internacional.

La Cumbre Unión Europea-México tuvo lugar el 17 de mayo también. Esta reunión tuvo como principal objetivo la aprobación del Plan Ejecutivo conjunto. Este Plan pretende establecer mecanismos de cooperación en materia de lucha contra el narcotráfico y contra el crimen organizado. Este acuerdo incluye igualmente el establecimiento de un diálogo periódico de alto nivel sobre derechos humanos (CEPAL 2010b).

Negociaciones Comerciales América Latina y Caribe con Unión Europea

País o esquema subregional	Tipo de Acuerdo	Estado al 2010
Comunidad del Caribe (CARICOM)	Acuerdo de Asociación	Firmado en octubre 2008. En aplicación provisional. En el caso del acuerdo con la Unión Europea, se trata del Foro del Caribe del Grupo de los Estados de África, del Caribe y del Pacífico (CARIFORUM). Este agrupa a 14 países de la Comunidad del Caribe (CARICOM) más la República Dominicana.
Comunidad Andina (CAN)	Acuerdo de Asociación	Negociaciones con Colombia y Perú, concluidas en marzo 2010. Bolivia se retiró de las negociaciones en junio de 2008, Ecuador lo hizo en julio de 2009 y anunció en febrero de 2010 su intención de retomarlas.
Mercado Común Centroamericano	Acuerdo de Asociación	Negociaciones concluidas en mayo 2010. Panamá también forma parte de este acuerdo.
MERCOSUR	Acuerdo de Asociación	Negociaciones reiniciadas en mayo 2010.
Panamá	Acuerdo de Asociación	Negociaciones concluidas en mayo 2010.
República Dominicana	Acuerdo de Asociación	Firmado en octubre de 2008. En el contexto del Acuerdo de Asociación entre el CARIFORUM y la UE.
Chile	Acuerdo de Asociación	Firmado en noviembre de 2002. El Acuerdo entró en vigencia el 1° de febrero de 2003.
México	Tratado de Libre Comercio	El Tratado de Libre Comercio entre la UE y México (TLCUEM) entró en vigor en Julio del 2000, para el comercio de bienes, y en marzo del 2001 para el comercio de servicios.

Fuente: Ministerio de Relaciones Exteriores de Chile (2010).

6.4 Factores que limitan la integración en el Mercosur

Un problema principal son las dificultades que se tienen en negociaciones con Argentina y Brasil. Cada país aparece con una lista de sensibilidades distinta que dificulta sustancialmente las ofertas regionales, las negociaciones Norte-Sur lo que conduce a tratados bilaterales de cada país con un tercero.

Desviando la vista hacia adentro, también en el comercio libre intra MERCOSUR existen estancamiento y hasta retrocesos, debido a la incapacidad de establecer reglas de carácter irreversible y de avanzar en dirección a una mayor integración.

Otras dificultades se causan por las asimetrías derivadas y el desvío de comercio. Los países miembros pequeños perciben que el desarrollo especializado no puede lograr economías de escala en los mercados de los socios mayores y ello despierta el interés en recuperar su soberanía comercial y negociar bilateralmente hacia afuera (Baracat 2010).

En cuanto a la integración de la infraestructura, no se observan tampoco avances comunes y por el contrario se observa un gran retroceso comparativamente a los años 90. Un ejemplo obvio es la infraestructura para el transporte de electricidad y gas.

6.5 La evolución del Mercosur – comentarios y perspectivas

En cuanto a los resultados en el comercio, luego de un despliegue importante de los primeros años vino un derrumbe del comercio intra MERCOSUR durante las crisis de Brasil y Argentina, del que recién se ha salido en los últimos años. Tampoco ha sido destacable la performance del comercio global del bloque.

Las exportaciones totales de los cuatro países han crecido menos que el comercio mundial de 1991 a 2006, y menos que las exportaciones de México y Chile (actualmente las exportaciones de México son mayores que las del MERCOSUR en su conjunto, así como las de Chile han sobrepasado ampliamente a las de Argentina en los últimos tres años, cuando a mediados de los 90 eran muy inferiores) (Baracat 2010).

Teniendo en cuenta los avances y los obstáculos existentes en el MERCOSUR, se pueden hacer los siguientes comentarios:

- En movilidad laboral intra bloque se han logrado avances en el sentido de facilitar la radicación y el trabajo formal de los ciudadanos de los países miembros y asociados al MERCOSUR.

- Existe un discurso integracionista, el cual promueve el concepto de integración de cadenas productivas como opuesto a "desindustrialización por efecto del libre comercio".
- Un ejemplo es el caso de la industria automotriz que tiene un protocolo con Brasil y ahora también con México de "comercio administrado", o sea arancel cero pero con cierta compensación de los intercambios.
- Sin embargo, las numerosas excepciones de las reglas hacen que exista un peligro de la volatilidad de las reglas de juego del bloque y de cada uno. Y si no hay confianza en las reglas para el largo plazo, habrá una tendencia a invertir en el mercado mayor (Brasil).
- Al comienzo del proceso del MERCOSUR el proyecto tuvo sinergia con las reformas económicas, pues se veía que un tratado que estableciera reglas comunes daba credibilidad a las reformas al quedar las mismas sujetas a compromisos internacionales.

7. Desafíos

Tanto para los bloques comerciales en América Latina como para la Unión Europea existen varios desafíos en el desarrollo / la política intra bloque y en las relaciones con terceros. Estos desafíos merecen ser mencionados brevemente como un resumen de los temas más importantes que se van a trabajar en los bloques en los próximos años.

7.1 Desafíos: América Latina
- NAFTA y MCCA: Hace falta (re)definir políticas migratorias y solucionar los problemas causados por el narcotráfico.
- MERCOSUR: Se necesita aclarar las relaciones Brasil - Argentina, y coordinar el ingreso de Venezuela en julio de 2012. Se nota además una problemática falta de asociatividad dentro del bloque.
- Hay que encontrar una solución a la tendencia de muchos de los miembros de los bloques de negociar tratados individuales entre ellos y terceros países / ellos y otros bloques.

- Existe una marcada desigualdad entre bloques regionales, tanto en tamaño como en grado de desarrollo.
- Asimismo, algunos países sin ventajas relativas en cuanto al tamaño han logrado avances importantes en el desarrollo del comercio, como es el caso de Chile y Perú.

7.2 Desafíos: Unión Europea

- Se pueden observar desequilibrios macroeconómicos y deudas elevadas de varios miembros. Además, la posiblemente necesaria asistencia financiera a países de la UE todavía causará una serie de dificultades para la UE como bloque comercial.
- En el Tratado de Maastricht, faltó un sistema de fondo anticíclico fiscal, el cual se tiene que construir posteriormente ahora.
- Es urgente una reforma de la Política Agraria Común.

The Author

Juan Antonio Zapata is professor at Universidad Nacional de Cuyo, Mendoza, and partner of Zapata & Consultores Asociados. He has advised Governments and Corporations, developed studies in several countries in Latin America, Asia and Africa and has experience on policy implementation with the Federal Government of Argentina. He worked as consultant on regional economic analysis, local government's finance and fiscal federalism for GTZ, World Bank and Intern-American Development Bank (IADB). His areas of consultancy further include Public Finance, Government Administration, Energy Prices, Fiscal Stabilization Funds, Federalism, Fiscal Responsibility and Development of Mineral Resources. His main focus is set on Argentina, Bolivia, Ecuador, Mexico, Nicaragua, Paraguay and Peru.

Bibliografía

Baracat, Elías Antonio: Negociación Mercosur-Unión Europea. Bases de Negociación para el sector carnes bovinas, 2010.

BID-INTAL (Instituto para la Integración de América Latina y el Caribe): Integración y Comercio, 2011.

Cavallo, Domingo F. /Baracat, Elías A.: Mercosur in the Opening of Latin American Economies, 2008.

CEPAL: Panorama de la inserción internacional de América Latina y el Caribe 2009-2010, 2010a.

CEPAL: Observatorio político de América Latina y del Caribe. Una VI Cumbre Unión Europea-América Latina donde primaron las agendas bilaterales y subregionales, 2010b.

Comellas, Eduardo: Bloques Comerciales y Procesos de Integración, Curso de Posgrado en Comercio Exterior, Facultad de Ciencias Económicas, Universidad nacional de Cuyo, 2010.

Comellas, Eduardo: Contexto Económico, Estadísticas del Comercio Exterior, 2011.

Comisión de las Comunidades Europeas: La Unión Europea y América Latina. Una asociación de actores globales, 2009.

Dirección General de Relaciones Económicas Internacionales del Ministerio de Relaciones Exteriores de Chile: Observatorio Político de America Latina y el Caribe, 2010.

EUROSTAT: Comext. Statistical regime 4, 2010.

Futter für Europa. Der Sojaanbau in Südamerika hat verheerende Folgen für Mensch und Natur
Tobias Lambert

1. Einleitung

Während die Europäische Union (EU) vielen Agrarprodukten aus dem globalen Süden keinen Zugang zum gemeinsamen Markt gewährt, ist die europäische Abhängigkeit von Soja enorm. Zu Futtermittel verarbeitet dient die proteinhaltige Bohne vor allem der wachsenden, auf Massentierhaltung basierenden Fleischproduktion.

Die EU importiert etwa 80 Prozent ihrer benötigten Eiweißfuttermittel, in erster Linie in Form von Soja. Ein Großteil der Soja wird in Südamerika in Monokultur angebaut, wovon fast ausschließlich Großunternehmen profitieren. Auf die kleinbäuerliche Landwirtschaft, die lokale Bevölkerung und die Umwelt hat der Soja-Boom äußerst negative, teils dramatische Auswirkungen. Europa und auch Deutschland tragen durch die Importe einen gehörigen Teil zu der Problematik bei.

Wer sich vegetarisch ernährt, kennt Soja als Basis vieler Lebensmittel. Aus der proteinhaltigen Bohne werden etwa Tofu, Sojamilch, Miso, Sojasoße oder Margarine hergestellt. Der Großteil der über 250 Millionen Tonnen weltweit angebauten Soja landet aber nur indirekt auf dem menschlichen Speiseplan. Zu Futtermittel verarbeitet dient sie der wachsenden, auf Massentierhaltung basierenden Fleischproduktion.[1]

Auch innerhalb der Europäischen Union wird Soja an Tiere verfüttert. Fast 80 Prozent der benötigten Eiweißfuttermittel werden importiert. Dies entspricht 22 Millionen Tonnen Sojaschrot und 13 Millionen

---

1 Laut der Ernährungs- und Landwirtschaftsorganisation der Vereinten Nationen (FAO) wird sich der weltweite Fleischkonsum bis 2050 auf 465 Millionen Tonnen verdoppeln (Agrarkoordination 2011: 4). Der Hauptgrund dafür sind sich ändernde Ernährungsgewohnheiten in Schwellenländern wie China und Indien, deren durchschnittlicher Fleischkonsum steigt. Der Pro-Kopf-Konsum in Europa ist allerdings noch wesentlich höher.

Tonnen Sojabohnen jährlich (Agrarkoordination 2011: 2)[2]. Laut Berechnungen des Bundes für Umwelt und Naturschutz (BUND) wird in Übersee auf circa 20 Millionen Hektar Soja für die europäische Tierproduktion angebaut. Davon entfallen alleine 2,8 Millionen Hektar auf Deutschland, was fast der Fläche Brandenburgs entspricht (Schuler 2007: 5). Ohne diesen „Import von Fläche" sind der hohe Fleischkonsum und die teilweise Überproduktion in Europa nicht denkbar. Während sich zwischen 2000 und 2007 die Fleischexporte der EU um 32,4 Prozent erhöht haben, stiegen die Futtermittelimporte im gleichen Zeitraum um 17 Prozent (Wiggerthale 2011: 11).

Dank politischer Entscheidungen in den 1960er Jahren ist der Import von Sojabohnen vom Zoll befreit. Nutznießer waren damals die USA als Hauptexporteur von Soja. Während zum Schutz der EU-Agrarindustrie die meisten Agrarprodukte durch hohe Zölle geschützt sind und die EU gleichzeitig ärmere Länder zur Öffnung ihrer Märkte drängt, sind Futtermittel aus Soja dank der Zollbefreiung in Europa wesentlich billiger als heimische Alternativen (Beste, Boeddinghaus 2011: 7). Als im Jahr 2001 im Zuge der BSE-Krise innerhalb der EU die Verfütterung von Schlachtabfällen verboten wurde, zog der Import von Soja weiter an. Zu den Hauptanbaugebieten der – größtenteils genmanipulierten – Soja zählt Südamerika.[3] Der sogenannte Sojagürtel umfasst Teile von Brasili-

---

2   Bei der Verarbeitung von Sojabohnen entstehen circa 80 Prozent Sojaschrot und als Nebenprodukt etwa 20 Prozent Sojaöl. Für die Produktion von einem Kilogramm Schweinefleisch werden 540 Gramm Sojaschrot verfüttert, für ein Kilogramm Pute 765 Gramm, ein Kilogramm Hähnchen 470 Gramm und ein Kilogramm Rindfleisch 920 Gramm (Schuler 2007: 5).
3   Die größten Produzenten sind die USA, Brasilien, Argentinien, China, Indien und Paraguay. Heute werden drei Viertel der weltweiten Sojaproduktion auf dem amerikanischen Kontinent hergestellt. Allein Brasilien ist für ein Viertel der weltweiten Sojaproduktion verantwortlich.

en, Argentinien, Paraguay, Bolivien und Uruguay und erstreckt sich auf über 40 Millionen Hektar.[4]

2. Vom Süden bis zum Amazonas – Soja in Brasilien

Ausgehend von Südbrasilien hat sich der Sojaanbau in den Nachbarländern ausgebreitet. Schon in den 1940er Jahren nahm die Fläche, auf der in Brasilien Soja angebaut wurde, zu. In den 1970er Jahren wurde das auf industrieller Landwirtschaft basierende Soja-Modell implementiert. Brasilianische Sojaproduzenten dehnten die Anbaugebiete mit Unterstützung der damaligen Militärregierung immer weiter aus.

Das Hauptanbaugebiet ist der dünn besiedelte Bundesstaat *Mato Grosso*, wo 1970 die erste Sojaernte auf 12 Hektar eingefahren wurde. Heute sind es über sechs Millionen Hektar. Auf dem Weg von Süden nach Norden vernichtete die Soja die zentralbrasilianische Savanne *Cerrado* zu großen Teilen. Diese ist mit einer Fläche von 204 Millionen Hektar etwa sechsmal so groß wie Deutschland und stellt das biologisch vielfältigste Savannen-Ökosystem der Erde dar (Fritz 2009: 86). Zehntausende Menschen, die in dem Gebiet lebten, wurden vertrieben oder ermordet. Mitte des 20. Jahrhunderts lebten im *Cerrado* noch etwa 50 indigene Gruppen (Suchanek 2010: 69). Derzeit befinden sich dort 13 der insgesamt 23 Millionen Hektar brasilianischer Soja-Monokulturen. Wie weit die Savanne bereits zerstört ist, kann nur geschätzt werden, Experten gehen von 50 bis 80 Prozent aus (ebd.: 74). Wenn die Vernichtung in demselben Tempo wie bisher weitergeht (2,2 Millionen Hektar jährlich), wird vom *Cerrado* bis zum Jahr 2030 nichts mehr übrig sein (Fritz 2009: 91).

Auch die weiten Flächen von *Mato Grosso* reichen längst nicht mehr aus. Die Sojafront breitet sich weiter in die wenigen noch intakten Gebiete des *Cerrado* in den Bundesstaaten *Maranhao*, *Piauí* und *Bahia*

---

4 Zum Vergleich: Die Gesamtfläche der Bundesrepublik Deutschland beträgt knapp 36 Millionen Hektar.

sowie den Amazonas aus. Bereits seit den 1980er Jahren war der Sojaanbau auch für die Abholzung des Regenwaldes im Amazonas-Gebiet mit verantwortlich. Rinderfarmer verlegten ihre Weiden aufgrund der Ausbreitung der Soja nach Amazonien und rodeten dafür Wald. Mittlerweile reichen die Anbaugebiete selbst bis dorthin. Nach Angaben des brasilianischen Landwirtschaftsministeriums wurde in den Amazonasstaaten 2010 bereits auf 528.000 Hektar Soja angebaut (Suchanek 2010: 77). Von der Stadt Cuiabá in *Mato Grosso* führt die 1.800 Kilometer lange Schnellstraße BR-163 nach Santarém, wo der Río Tapajós in den Amazonas mündet. Die Pläne für eine derartige Schnellstraße gab es schon zu Zeiten der Militärdiktatur, unter der Regierung von Fernando Henrique Cardoso wurde die Idee 1999 schließlich umgesetzt. Über den Fluss kann die Soja aus *Mato Grosso* somit direkt nach Europa oder China verfrachtet werden. Im Jahr 2001 baute der US-Konzern *Cargill* einen Hafen und eine Sojaverarbeitungsanlage in Santarém. Das Unternehmen wird auch direkt für die Ausbreitung des Sojaanbaus in Amazonien verantwortlich gemacht, da es zum Beispiel Kredite an Bauern vergibt, sofern diese mit dem Sojaanbau beginnen. Zwar einigten sich Umweltorganisationen und die maßgeblichen Soja-Händler 2006 darauf, ein Moratorium zu verhängen, wonach auf neu gerodeten Amazonas-Flächen keine Soja angebaut werden soll. Dieses konnte die weitere Ausbreitung der Sojafront im Amazonas-Gebiet allerdings nicht stoppen (Weidenberg, Bredenbeck 2009).

Auch viele der Nachbarländer Brasiliens sind längst der Soja verfallen. In Argentinien wird die Bohne seit den 1980er Jahren in großem Stil angebaut. Mittlerweile breitet sich die Monokultur hier auf 18 Millionen Hektar aus, was mehr als der Hälfte der landwirtschaftlichen Nutzfläche des Landes entspricht. Anfang der 1990er Jahre begann die Bohne ihren Siegeszug in Paraguay, wo Soja heute einen Großteil der Wirtschaft dominiert. Es ist das wichtigste Exportprodukt, Paraguay der viertgrößte Sojaexporteur der Welt. Vor allem im Osten und Süden des Binnenlandes wird die Bohne auf circa 2,7 Millionen Hektar angebaut (Sonderegger 2008: 1). Die Soja-Lobby hofft auf eine kurzfristige Ausweitung der Anbaufläche auf vier Millionen Hektar und schätzt die für den Sojaanbau geeignete Fläche insgesamt sogar auf sieben Millionen Hektar (ebd.: 2).

Auch in Bolivien wird die Soja seit den 1990er Jahren angebaut. Besonders in der Provinz Santa Cruz im östlichen Tiefland befinden sich fruchtbare Böden. Schätzungsweise 500.000 Hektar werden von brasilianischen Sojafarmern kontrolliert (Suchanek 2010: 81). In Uruguay ist die Bohne ebenfalls präsent, wenn auch bisher in geringerem Maßstab (Rulli 2007: 17).

3. Das Soja-Modell: Gentechnik und Großkonzerne

Ein Großteil der in Südamerika angebauten Soja ist heute genmanipuliert. Argentinien war 1996 das Einfallstor für den US-amerikanischen Biotech-Konzern *Monsanto*, um den Anbau gentechnisch modifizierter Organismen (GMO) in der Region zu etablieren. Von dort aus verbreitete sich die Gen-Soja in die Nachbarländer. Durch Schmuggel und gezielten Anbau war es in Brasilien de facto längst präsent, als die brasilianische Regierung es Schritt für Schritt legalisierte und im Jahr 2005 schließlich dauerhaft erlaubte. Auf ähnliche Art und Weise etablierten sich die GMO auch in anderen Ländern. Fast die gesamte in Argentinien angebaute Soja ist heute *Monsantos* genetisch modifiziertes „*Roundup Ready*", das gegen das gleichnamige Herbizid (überwiegend Glyphosat) resistent ist, welches ebenfalls von *Monsanto* geliefert wird (Grain 2007: 16ff.). Dieses vernichtet alles außer der Sojapflanze selbst. Für europäische Konsumenten ist nicht ersichtlich, ob ein Tier mit Gen-Soja gefüttert wurde. Eine Kennzeichnungspflicht für entsprechendes Fleisch oder Milch gibt es nicht.

Vom Sojaanbau profitieren fast ausschließlich Großunternehmen. Während vor Ort oft das lokale Agrobusiness und die sogenannten Sojabarone das Sagen haben, kontrollieren internationale Konzerne den

Großteil des Geschäfts. Die Unternehmen, die (genmanipuliertes) Saatgut verkaufen, sind häufig dieselben, die auch die für den erfolgreichen Anbau der Monokulturen erforderlichen Pestizide und Herbizide anbieten. Dazu zählt neben *Monsanto* der Konzern *Syngenta*. An der Versprühung von giftigen Pestiziden und Herbiziden verdienen mit Bayer und BASF auch deutsche Firmen mit. Die Mechanisierung der Landwirtschaft kommt Maschinenherstellern wie *John Deere*, *Volvo* oder *Caterpillar* zu Gute. Der Handel von Soja auf dem internationalen Markt wird von Agrar-Großkonzernen wie ADM (*Archer Daniels Midland*), *Cargill*, *Bunge* und *Dreyfuss* kontrolliert (Rulli 2007: 23; Bravo 2010: 20).

4. Negative Konsequenzen des Soja-Booms

Auf die kleinbäuerliche Landwirtschaft, die lokale Bevölkerung und die Umwelt hat der Soja-Boom äußerst negative, teils dramatische Auswirkungen. Das Soja-Modell basiert grundsätzlich auf Monokultur und Mechanisierung der Landwirtschaft. Der Anbau rentiert sich erst im großen Maßstab, da für genmanipulierte Samen, Pestizide und Technik hohe Kosten anfallen. Bauern werden praktisch überflüssig. Für 500 Hektar Soja reicht eine Person zur Bewirtschaftung des Landes (Grain 2009: 18). Die Ausbreitung der Soja-Front hat permanent die erzwungene und teils offen gewaltsame Vertreibung der ländlichen und indigenen Bevölkerung zur Folge. Nach Schätzungen von 2007 wurden durch die Soja in Brasilien 300.000 Menschen im Bundesstaat *Rio Grande do Sul* sowie 2,5 Millionen in *Paraná* von ihrem Land vertrieben. In Argentinien verloren etwa 150.000 Familien ihren Lebensraum, in Paraguay 90.000 Familien (Grain 2007: 52). Die Folge ist eine erhöhte Migration in die Städte, wo die Armenviertel anwachsen.

In der Regel findet der Sojaanbau in Direktsaat statt. Bei dieser Methode wird der Boden kaum umgepflügt, wodurch ein hoher Pestizideinsatz erforderlich wird (Rulli 2007: 19f.). Der Einsatz von Pestiziden und

Herbiziden, der wie etwa im Fall von *Monsantos „Roundup Ready"* fest zum Soja-Modell dazu gehört, hat verheerende Konsequenzen. Menschen, die in unmittelbarer Nähe von Sojafeldern leben, sind akuten Gesundheitsgefährdungen ausgesetzt. Als häufigste Folgen des flächendeckenden Pestizideinsatzes sind unter anderem Erbrechen, Durchfall, Allergien, Krebsleiden, Fehlgeburten und Missbildungen dokumentiert (Suchanek 2010: 78). Durch die Verschmutzung von Flüssen sind auch Menschen, die nicht direkt neben einem Sojafeld, aber flussabwärts leben, von den Folgen Anbaus betroffen. Der Einsatz von Herbiziden ist seit der Einführung von Gen-Soja drastisch gestiegen. Wurde bei der konventionellen Soja zuvor gut ein Liter Glyphosat pro Hektar verwendet, sind es nun bis zu über 20 Liter (Rulli 2007: 29). Im Jahr 2008 wurden in Argentinien etwa 200 Millionen Liter *Roundup Ready* verbraucht. 1996, vor der Einführung der Gen-Soja, waren es 13,9 Millionen. Aufgrund entstehender Immunitäten und dem Aufkommen von Resistenzen bei Insekten und Unkraut werden zunehmend noch stärkerer Gifte, wie das in der EU verbotene Herbizid Atrazin oder das ebenfalls verbotene Pestizid Endosulfan von Bayer, verwendet.

Hinzu kommt, dass durch den fortschreitenden Sojaanbau die Artenvielfalt zurückgeht und große Waldflächen vernichtet werden. Mindestens 21 Millionen Hektar Wald in Brasilien, 14 Millionen Hektar in Argentinien und je zwei Millionen Hektar in Paraguay und Bolivien wurden bereits abgeholzt, um Sojafelder anzulegen (Grain 2007: 52, Suchanek 2010: 81). Durch das Vorrücken der Soja-Front in den brasilianischen Amazonas-Regenwald, ist der Lebensraum von Hunderttausenden Flussanwohnern, Kleinbauernfamilien und Indigenen bedroht. Auch beschleunigt sich durch die Zerstörung des Amazonas die globale Erderwärmung, da das Wegfallen des Waldes als CO^2-Senke den Ausstoß von Kohlenstoff erhöht (Grain 2007: 53).

Die Möglichkeit lokal frei darüber zu entscheiden, welche Lebensmittel angebaut werden sollen, rückt durch den Sojaanbau in weite Ferne. Der kleinbäuerliche Lebensraum und die Strukturen des ländlichen

Lebens werden nach und nach zerstört. Die Produktion von Hauptnahrungsmitteln wie Reis, Bohnen oder Mais sinkt (ebd.: 52). Außerdem geht durch den Sojaanbau fruchtbares Land verloren, da die Böden einer erhöhten Erosion ausgesetzt sind. Um ein Kilo Sojabohnen zu produzieren, werden zehn Kilo Erde geopfert (Fritz 2009: 91).

5. Neue Landnahme im Zeichen der Soja – Die Zerstörung geht weiter

Vieles spricht dafür, dass die Nachfrage nach Soja weiter steigen wird und sich dadurch der Druck auf Land sowie die negativen Folgen für Mensch und Natur intensivieren werden. Zum einen nimmt der weltweite Fleischkonsum stetig zu, unter anderem ändern die wachsenden Mittelschichten in China und Indien ihre Ernährungsgewohnheiten. Zum anderen steigt die Nachfrage nach Biodiesel, das auch aus Soja hergestellt werden kann. Da viele Länder verbindliche Beimischungsquoten rechtlich fixiert haben, entsteht ein sicherer Markt für die Produzenten von Agrokraftstoffen.

In den vergangenen Jahren ist Land als Spekulations- und Anlageobjekt weltweit wieder begehrt geworden. Unter dem Stichwort *Land Grabbing* kaufen oder pachten Unternehmen, Staaten und Investmentfonds Agrarland, um dort Lebensmittel, Energiepflanzen oder Schnittblumen für den Export anzubauen. Der *Cono Sur* gehört schon jetzt zu einem bevorzugten Ziel von Agrarinvestitionen. Internationale Anlagegelder strömen in die Region auf der Suche nach Land oder Anteilen am lukrativen Agrobusiness. Zahlreiche neue Firmen und Investmentfonds entstehen mit dem einzigen Ziel, Geld mit Soja zu verdienen. Und die Grenzen sind aus Sicht von Regierungen und Investoren noch lange nicht erreicht. Die brasilianische Regierung stellt immer noch 70 Millionen Hektar für Investitionen in Aussicht (Fritz 2009: 91).

In Paraguay wirbt die Regierung offensiv um neue Investoren. Das Land preist sein gutes Investitionsklima beispielsweise vor indischen

Produzenten und bietet Steuernachlässe und wesentlich niedrigere Bodenpreise als die Nachbarländer an. Zahlreiche internationale Akteure haben angekündigt, in Südamerika in Land zu investieren. Brasilianische und argentinische Firmen sind schon länger in den Nachbarländern aktiv. Auch China, der Hauptabnehmer für Soja, versucht in Südamerika direkt Land zu erwerben. Unter anderem will das Land Soja im argentinischen Patagonien anbauen.

6. Wo sind die Alternativen?

Die Regierungen der südamerikanischen Länder, in denen Soja angebaut wird, stellen sich bisher nicht gegen das Soja-Modell. Es dient als willkommene Einnahmequelle, allenfalls versuchen sie, durch höhere Besteuerung einen größeren Anteil der Einnahmen abzuschöpfen.[5] Unabhängig von der politischen Richtung halten bisher alle Regierungen im *Cono Sur* an einem extraktivistischen, auf die höchstmögliche Ausbeutung von Rohstoffen und Land ausgerichteten Wirtschaftsmodell fest. Um das Soja-Modell und das dahinter stehende Paradigma einer rein profitorientierten, hochindustrialisierten und gesundheitsgefährdenden Landwirtschaft in Frage zu stellen, sind sowohl in Lateinamerika selbst als auch in Europa Anstrengungen nötig. Ohne aktiven Widerstand vor Ort und die Formulierung von Alternativen wird das kapitalistisch-industrielle Agrobusiness weiterhin die Spielregeln diktieren. Dieses wirtschaftet dabei nur deswegen hochprofitabel, weil die Folgekosten für Umwelt und Gesundheit nicht mit einberechnet werden.

Das Agrobusiness selbst versucht die Legitimität des Sojaanbaus zu erhöhen, indem es ein Nachhaltigkeitszertifikat für Soja entwickelt hat. Dazu wurde 2006 der Runde Tisch für verantwortungsvollen Sojaanbau (RTRS) ins Leben gerufen, dem sämtliche Großunternehmen des Agro-

---

5 In Argentinien etwa kam es 2008 zu monatelangen Auseinandersetzungen über von der Regierung gewünschte höhere Exportzölle, bei denen sich letztlich das Agrobusiness durchsetzte.

business und einige wenige Nichtregierungsorganisationen, darunter als prominentestes Mitglied der WWF (*World Wide Fund for Nature*) angehören.[6] Die meisten kritischen Organisationen bezeichnen den RTRS als reinen Versuch der Imageaufbesserung des Agrobusiness. Bei der Klassifizierung als verantwortungsvolle Soja spielt beispielsweise keine Rolle, ob diese gentechnisch verändert ist oder nicht.

Der kleinbäuerliche Sektor selbst hat hingegen in den vergangenen Jahren Vorschläge und Konzepte entwickelt, die im Gegensatz zur Gen-Soja durchaus das Prädikat „verantwortungsvoll" beanspruchen können. 1993 gründete sich mit *La Via Campesina* (Der bäuerliche Weg) ein weltweiter Zusammenschluss kleinbäuerlicher Organisationen, der in den folgenden Jahren zu einem wichtigen politischen Akteur aufstieg und dem heute über 150 Organisationen aus 56 Ländern angehören (Bello 2010: 176). Einen großen Anteil an der Entstehung und internen Entwicklung des Netzwerks hatte die brasilianische Landlosenbewegung MST, die bereits 1984 gegründet worden war und in Brasilien Landbesetzungen durchführte. *La Via Campesina* kritisiert das herrschende Paradigma der Lebensmittelproduktion in seiner ganzen Breite, angefangen bei der Monokultur über industrielle Großlandwirtschaft bis hin zur Biotechnologie (Bello 2010: 179f.). Während internationale Organisationen meist Ernährungssicherheit propagieren, bei der es ausschließlich darum geht, den Menschen Zugang zu Lebensmitteln zu ermöglichen, egal ob diese importiert werden müssen oder nicht, hat das Netzwerk den Begriff der Ernährungssouveränität entwickelt. Diese zielt auf die lokale Ebene ab und sieht vor, dass sich Bauern und Bäuerinnen selbstbestimmt und demokratisch für ihre Formen der Produktion und des Konsums entscheiden. Weitere Bestandteile des Konzepts beinhalten eine integrale Landreform, den Verzicht auf Gentechnik oder die Produktion gesunder Lebensmittel (Bello 2010: 181 f., Braßel 2010: 45 ff.).

---

6 Zu den fragwürdigen Positionen des WWF siehe auch der erstmals am 22. Juni 2011 in der ARD ausgestrahlte Film „Der Pakt mit dem Panda" von Wilfried Huismann.

Ebenso wichtig wie Widerstand vor Ort ist eine Änderung des landwirtschaftlichen Modells und der Konsumgewohnheiten in Europa. Um den Import von gentechnisch veränderter Soja schrittweise zu verringern, bedarf es politischer Anreize. Eine Kennzeichnungspflicht für tierische Produkte, die auf Grundlage von Futtermitteln aus gentechnisch veränderter Soja entstanden sind, ist überfällig. Ebenso wäre eine Besteuerung von Gen-Soja denkbar. Zudem sollte die EU eine eigene Eiweißstrategie forcieren, um die Abhängigkeit von Soja-Importen zu begrenzen und die durch den „Import von Fläche" entstehenden negativen externen Effekte der eigenen Fleischproduktion zu begrenzen. Dazu müssten die insgesamt 50 Milliarden Euro an Agrarsubventionen, welche die EU im Jahr 2011 verteilt hat, anders genutzt werden. Die Anreize zur Überproduktion, die in den vergangenen Jahren schon verringert wurden, müssten weiter gesenkt werden und die Eigenproduktion eiweißreicher Futtermittel wie etwa Ackerbohnen, Erbsen oder Lupinen gefördert werden. Eine Projizierung des durchschnittlichen europäischen (aber auch nordamerikanischen und australischen) Milch- und Fleischkonsums auf die Welt hätte fatale Folgen. An einer Reduzierung des Konsums zunächst in den Weltregionen, die am meisten verbrauchen, führt langfristig kein Weg vorbei.

Der Autor

Tobias Lambert ist Politikwissenschaftler und lebt in Berlin. Als freier Autor und Journalist beschäftigt er sich vorwiegend mit Lateinamerika und den Nord-Süd-Beziehungen. Er ist Redaktionsmitglied der Monatszeitschrift Lateinamerika Nachrichten und freier Mitarbeiter des Forschungs- und Dokumentationszentrums Chile-Lateinamerika (FDCL).

Literatur

Agrarkoordination: Der Futtermittelblues. EU Agrarpolitik muss weg vom Flächenimport für Futter und Energie!, http://www.agrarkoordination.de/fileadmin/dateiupload/PDF-Dateien/Futtermittelblues_Heft.pdf [Zugriff am 1.11.2011], 2011.

Bello, Walden: Politik des Hungers, Berlin, Hamburg, 2010.

Beste, Andrea /Boeddinghaus, Runa: Artenvielfalt statt Sojawahn. Der Eiweißmangel in der EU: Wie lässt sich das seit langem bestehende Problem lösen?, Wiesbaden, 2011.

Braßel, Frank: Land ist keine Ware. Debatten um Ernährungssouveränität und neue Agrarreform in Lateinamerika, in: Gabbert, Karin /Krämer, Michael (et al.): Über Lebensmittel. Jahrbuch Lateinamerika 33, S. 36-53, Münster, 2010.

Bravo, María Elizabeth: Introducción, in: Bravo, Ana Lucía (et.al.): Los señores de la soja. La Agricultura transgénica en América Latina, Buenos Aires, 2010.

Grain: Soja-Nexus in South America, in: Seedling July 2007, S. 51-53, http://www.grain.org/seedling_files/seed-07-07-7-5-en.pdf [Zugriff am 1.11.2011], 2007.

Grain: Twelve years of GM soya in Argentina. A disaster for people and the environment, in: Seedling January 2009, S. 16-19, www.grain.org/seedling_files/seed-09-01-4.pdf [Zugriff am 1.11.2011], 2009.

Rulli, Javiera: Introduction to the Soya Model. The expansion of soya in Latin America, in: Rulli, Javiera (Hrsg.): United Soya Republics. The truth about Soya Production in South America, http://www.lasojamata.net/en/node/91 [Zugriff am 1.11.2011], 2007.

Suchanek, Norbert: Der Soja-Wahn. Wie eine Bohne ins Zwielicht gerät, München, 2010.

Sonderegger, Reto: Sojarepublik Paraguay? Konflikte um Land und Ernährungssouveränität, http://fdcl-berlin.de/fileadmin/fdcl/Publikationen/Sojarepublik-Paraguay-Reto-Sonderegger-FDCL.pdf [Zugriff am 1.11.2011], Berlin, 2008.

Schuler, Christine: Für Fleisch nicht die Bohne! Futter und Agrokraftstoff-Flächenkonkurrenz im Doppelpack, http://www.weltagrarbericht.de/fileadmin/files/BUND_soja_fleisch_agrosprit_studie_2008.pdf [Zugriff am 1.11.2011], Berlin, 2007.

Weidenberg, Kim /Bredenbeck, Kirsten: Soja in Santarém. Vom traditionellen Landbau zum Profit der US-Firmen, in: Lateinamerika Nachrichten 419, http://ln-berlin.de/index.php?/artikel/3453.html [Zugriff am 1.11.2011], 2009.

Wiggerthale, Marita: Die EU exportiert – die Welt hungert. Warum die EU-Agrarpolitik auf Kosten armer Länder geht, http://www.oxfam.de/sites/www.oxfam.de/files/webfm/20110429_oxfam_cap-papier.pdf [Zugriff am 1.11.2011], 2011.